LETTRES A L'ASHRAM

« *Spiritualités vivantes* »
SÉRIE HINDOUISME

GANDHI

Lettres à l'Ashram

Traduction et préface de
JEAN HERBERT

ÉDITIONS ALBIN MICHEL

Albin Michel
▪ *Spiritualités* ▪

Collections dirigées
par Jean Mouttapa et Marc de Smedt

22, rue Huyghens, 75014 Paris.

ISBN 2-226-01793-3
ISSN 0755-1835

Préface

Après avoir été tourné en ridicule et considéré comme un fou pendant quarante ans par la plupart des Occidentaux [1], *Gandhi est maintenant chez nous respecté comme l'une des plus grandes âmes de notre siècle, et revendiqué comme leur maître, leur inspirateur et leur champion par quantité de groupes pacifistes, religieux, sociaux, spiritualistes, occultistes, végétariens, etc. Inversement, dans l'Inde, après avoir joui pendant sa vie d'un prestige plus grand peut-être qu'aucun homme avant lui, il risque maintenant d'entrer dans une phase d'éclipse, car les dirigeants et même, dans une moindre mesure, les masses de son peuple, sont tentés de rejeter sur lui la responsabilité de toutes les difficultés auxquelles se heurte la nouvelle nation indépendante. Que faut-il donc*

(1) Il y eut de rares, mais fort honorables exceptions.

penser de lui ? Nous essayons, dans les pages ci-après, d'apporter une documentation de première main, et aussi bien équilibrée que possible.

La clé de toute la personnalité et de toute l'action de Gandhi nous est fournie par une formule bien simple qu'il nous a donnée : « L'homme est soumis à l'obligation de se laisser guider dans toutes ses actions par des considérations morales (1). » Et si l'on veut savoir ce qu'il entendait par considérations morales, il suffit de se reporter à cette espèce de profession de foi que l'on prononçait toujours chez lui avant chaque repas : « Non-violence, vérité, abstention de vol, chasteté, non-possession, travail corporel, inactivité des organes du goût, intrépidité, respect égal pour toutes les religions, svadeshi, esprit de fraternité sans exclusivité — ces onze vœux doivent être observés dans un esprit d'humilité. »

Pour Gandhi d'ailleurs, la moralité n'est pas l'application docile et continue de principes reçus une fois pour toutes, mais à la fois une recherche acharnée, une découverte incessante et une conquête sans relâche. Il a dit lui-même :

(1) *Great thoughts of Mahatma Gandhi*, Madras, Ganesh et Co, s. d., p. 78.

« *La vraie moralité ne consiste pas à suivre les sentiers battus, mais à découvrir ce qui est pour nous-même la vraie voie et à la suivre avec intrépidité. Le véritable progrès est impossible sans une telle poursuite laborieuse de la vérité* (1). »

Le point de départ de sa moralité lui est naturellement fourni par sa religion, qui est toujours restée strictement hindoue, même lorsque parfois elle frisa ce que des églises constituées (heureusement pour lui, l'Inde n'en a pas) appelleraient l'hérésie. « Je suis réformateur de la plante de mes pieds jusqu'au sommet de ma tête, disait-il, mais mon zèle ne me pousse jamais à rejeter aucun des éléments essentiels de l'hindouisme (2). » *En véritable réformateur hindou, il savait toujours discerner, même à travers les rites et les pratiques les plus difficiles à défendre, le noyau originel de vérité spirituelle, la pépite d'or fin que les siècles avaient enveloppée d'une épaisse et lourde gangue, et au lieu de vouloir faire répudier à ses coreligionnaires leurs coutumes ancestrales, il les amenait à dépouiller, à épurer ces coutumes pour en dégager et en utiliser*

(1) *Ibid.*, p. 75.
(2) *Ibid.*, p. 80.

précieusement la substantifique moelle (1). *Pour ne prendre qu'un exemple, il accepta la présidence de l'Association pan-hindoue pour la protection de la vache, mais il écrit: « La vache, pour moi, représente la totalité du monde sub-humain. Grâce à elle l'homme est amené à prendre conscience de son identité avec tout ce qui vit... Protéger la vache signifie protéger tout ce qui dans la création divine n'est pas doué de parole* (2). » *On pourrait relever de même manière comment il considérait ce que les Occidentaux appellent dédaigneusement, faute de le comprendre, le culte des idoles.*

Sa divinité d'élection est Râma, le plus populaire peut-être des dieux hindous, celui dans le culte de qui avaient aussi été élevés Râmakrishna, Sârada Devî, Vivekânanda. Il serait à la fois intéressant et fructueux de tracer un parallèle détaillé entre la vie de Gandhi et celle de Râma (3), *sur qui il prenait constamment modèle, ne laissant guère s'écouler de journée*

(1) Seul des grands réformateurs hindous, le Bouddha voulut agir autrement... et le Bouddhisme a disparu de l'Inde.

(2) Kalyana Kalpataru, *Cow Number*, janvier 1945, p. 12.

(3) J'en ai tenté une esquisse dans le fascicule de novembre 1948 (consacré à Gandhi) de « France-Asie » (Saïgon, Indochine).

sans s'être fait psalmodier pendant une heure ou plus des passages de l'épopée ramaïte, le Râmâyana. Dès la mort de Gandhi, et même auparavant, disciples et admirateurs ont naturellement proclamé, comme c'est la coutume dans l'Inde, qu'il était un Avatar. Et je ne serais pas surpris qu'une fois acquis le recul nécessaire, l'Hindouisme l'incorpore à son Panthéon en en faisant un Avatar de Râma (1).

Profondément pénétré de religion, il voyait avec un même respect toutes les conceptions religieuses comme autant de moyens pour atteindre la Vérité une (2) *et ne pouvait par conséquent que réprouver énergiquement les efforts des missionnaires pour opérer des conversions, « véritables atteintes à la dignité de l'homme* (3) ».

Toujours il se refusa énergiquement — et

(1) Ou plus exactement un *amsha* de Râma, c'est-à-dire un avatar partiel d'une forme divine qui apparaissait déjà elle-même sous forme d'avatar. Le Bengale en connaît déjà plusieurs de Krishna.

(2) Râmakrishna a appuyé sur cette notion (voir: *L'Enseignement de Râmakrishna*, Paris, Albin Michel, 1949) avec une insistance remarquable et une vision profonde, mais il est loin d'avoir été le premier à la présenter. Elle est classique dans l'Inde.

(3) Ce qui ne l'empêchait pas de reconnaître que ces missionnaires pouvaient parfois faire du travail utile — quand ils renonçaient à leur mission d'évangélisation.

dans l'Inde la tentation est grande, car les sollicitations sont acharnées — à se laisser considérer comme un maître spirituel, niant même avoir une connaissance approfondie de sa propre religion. « Les seules vertus auxquelles je prétende, disait-il, sont la véracité et la non-violence (1). » *Aussi est-ce dans sa compréhension et son application pratique de ces deux vertus qu'il faut en réalité chercher le grand secret de Gandhi. Les extraits réunis dans ce volume sont suffisamment explicites pour qu'il ne soit point besoin d'en donner ici un exposé. Soulignons cependant qu'il n'a jamais commis la grave erreur, si fréquente chez les Occidentaux, de confondre l'idéal adopté et revendiqué avec la mise en pratique réalisée en fait. Il disait même : « C'est dans l'effort que l'on trouve la satisfaction, et non dans la réussite. Un plein effort est une pleine victoire* (2). »

La presse et l'opinion publique, en Occident comme dans l'Inde, ont fait une grande place aux jeûnes par lesquels Gandhi a si souvent fait triompher ce qu'il jugeait conforme à l'amour et à la vérité. Et bien souvent on les a

(1) *Great thoughts...*, *op. cit.*, p. 18.
(2) *Ibid.*, p. 41.

mal interprétée. Même des gens persuadés de la sincérité du Mahâtmâ et de son désintéressement y ont parfois vu une rouerie d'avocat madré. Pour se convaincre du contraire, il suffit de regarder de près l'histoire de ces jeûnes, et les terribles exigences de Gandhi envers ceux de ses partisans qui voulaient user de la même arme. D'ailleurs il partageait certainement cette conviction enracinée au cœur des hindous que tous les hommes sont un, non pas seulement par solidarité, par nature ou par origine, mais par identité métaphysique, en ce sens qu'ils ne sont que des aspects divers d'une même Entité simple. Aussi était-il naturel pour lui de recourir à une purification de soi pour que puissent apparaître dans leur harmonie vraie des rapports humains qui se manifestaient à lui sous un aspect trompeur de haine, de violence, de mensonge ou d'injustice. Mais cette tentative ne peut être permise qu'à l'individu en véritable état de grâce, agissant dans un total don de soi, dépouillé de tout ressentiment, de tout orgueil et de toute ambition personnelle. Gandhi ne se la permettait que lorsqu'il jugeait ces conditions remplies, et c'est pourquoi ses jeûnes bouleversaient l'Inde bien plus profondément que n'importe quelle crise économique ou sociale.

C'est un peu à ce même aspect de discipline de soi que ressortait sa pratique d'un jour hebdomadaire de silence, jour dans lequel il travaillait autant que le reste de la semaine, lisant, écoutant, écrivant, réfléchissant, mais s'abstenant rigoureusement de prononcer aucune parole, même dans les circonstances les plus tragiques (1). *Et aussi cette pauvreté qui lui faisait refuser tout élément de confort personnel dont ne jouissait pas aussi le plus pauvre d'entre les plus pauvres* (2).

L'action publique de Gandhi, dans les domaines politique, social et économique, ne peut se comprendre qu'à la lumière de ce qui a été rappelé ci-dessus. Il ne s'est engagé dans ces activités qu'à son corps défendant et s'y est toujours laissé guider par ces « considérations morales », impérieuses pour lui, n'accordant qu'une importance secondaire aux conséquences matérielles qui pouvaient en découler pour lui ou pour d'autres. En politique, il reprenait la grande tradition du roi Jânaka Videha : « Je ne crois pas, disait-il, que la religion n'ait rien à voir avec la politique. Cette dernière, divorcée

(1) Voir un exemple dans Jean Herbert, *Ce que Gandhi a vraiment dit* (Paris, Stock, 1969), p. 172.

(2) Voir un exemple dans ce même livre, p. 193.

d'avec la religion, n'est rien qu'une charogne, tout juste bonne à enfouir en terre (1). » *Sa grande directive était sa fameuse prière : « Seigneur, conduis l'Inde sur la voie de la vérité* (2). » *Ce qui nous explique la nature à la fois ardente et désintéressée de ses sentiments envers son pays : « Pour moi, le patriotisme est la même chose que l'humanité. Je suis patriote parce que je suis homme et humain. Le patriotisme n'est pas exclusif* (3). »

Sur le plan social, comme tous les grands réformateurs hindous (sauf Bouddha) tout au long de l'histoire, Gandhi fut un ferme partisan du système des castes, mais en souligna la souplesse souvent oubliée et en combattit avec acharnement toutes les exagérations et les perversions. « Le système des castes est, à mon avis, inhérent à la nature humaine, et l'Hindouisme en a simplement fait une science (4). » *« Je considère le système des quatre castes... comme une saine répartition du travail d'après la naissance... Vouloir permettre le passage d'une caste dans une autre au cours d'une incarnation donnée aurait pour inévitable*

(1) *Great thoughts...*, *op. cit.*, p. 64.
(2) *Ibid.*, p. 1.
(3) *Ibid.*, p. 48.
(4) *Young India*, 1921.

résultat une vaste fraude (1). » « *La conception actuelle des castes est une perversion de l'original.* » *Et s'il a consacré pendant de longues années une si grande partie de son énergie à lutter pour les intouchables, ceux qu'il baptisa les* harijans, *les fils de Dieu, ce ne fut jamais pour les faire assimiler aux castes supérieures, mais pour leur rendre la vie plus agréable, surtout en leur faisant ouvrir les grands temples de l'Inde, en leur facilitant l'hygiène, l'instruction, etc.*

De même son action énergique et obstinée pour s'opposer au fossé que l'on a creusé tout récemment entre hindous et musulmans. L'importance qu'il attachait au maintien de l'union parfaite entre ces deux grands groupes religieux, naguère si intimement mêlés dans l'Inde, était telle qu'il ne put s'associer aux cérémonies qui accompagnèrent la libération de son pays — libération dont il avait été le grand artisan. Car pour lui la division entre Inde et Pakistan était une véritable « vivisection ». On peut dire qu'il est mort martyr de cette grande idée, puisque c'est ce que lui reprochaient surtout son meurtrier et ceux qui soutenaient celui-ci. Et s'il est un jour élevé

(1) *Young India*, 7 mai 1925.

par les hindous à la dignité d'Avatar, il ne mérite certes pas moins d'être honoré par les musulmans comme saint et martyr de l'Islam (1).

Dans son action économique (2), *qui fut plus importante que son action politique et sociale, mais qui est moins connue et moins comprise en Occident, Gandhi s'est naturellement laissé guider par les mêmes principes d'ordre moral — à la différence de Swâmi Dayânanda Sarasvatî, de Swâmi Vivekânanda, de Shrî Aurobindo, grands réformateurs eux aussi, mais plus préoccupés de considérations spirituelles. Son opposition à l'industrialisation sur le modèle occidental a souvent été mal interprétée, mais elle est la conséquence logique de son désir de voir ses compatriotes mener la vie individualiste, rurale, patriarcale et saine qui leur convient au lieu de subir l'effroyable paupérisation des centres industriels et la dégradation et l'immoralité qui s'y développent inévitablement. Ce qu'a amené la récente*

(1) Cette combinaison n'aurait rien qui eût pût choquer l'empereur Akbar ou le grand saint Kabir — et bien d'autres.

(2) Cette œuvre a été poursuivie après la mort de Gandhi par son plus fidèle disciple, Vinobâ, qui s'est attaché à la réforme agraire. Voir Acharya Vinobâ Bhawe, *La révolution de la non-violence* (Paris, Albin Michel, 1958).

industrialisation de la région de Bombay, du bassin inférieur du Gange en aval de Calcutta et des bassins miniers ne pouvait que le confirmer dans ses appréhensions. L'All-India Village Industries Association, si active, dont il était l'animateur, s'efforçait, et non sans succès, de relever le niveau de vie des masses sans pour cela les condamner à des conditions de vie destructrices. Cette méfiance à l'égard de l'industrie lourde est d'ailleurs classique dans l'Inde, puisque déjà les très antiques lois de Manou (1) *traitent comme un délit la possession et l'utilisation de fortes machines par des particuliers. « Les systèmes économiques, disait Gandhi, qui négligent les facteurs moraux et sentimentaux sont comme des statues de cire; ils ont l'air d'être vivants et pourtant il leur manque la vie de l'être en chair et en os* (2). » *Et c'est fort sérieusement qu'il déclarait: « Je doute que l'âge de l'acier soit en progrès par rapport à l'âge du silex taillé. Je n'ai pas de préférence pour l'un ou pour l'autre. C'est à l'évolution de l'âme que doivent se consacrer notre intelligence et toutes nos facultés* (3). »

(1) XI, 63-66.
(2) *Great thoughts...*, *op. cit.*, p. 108.
(3) *Ibid.*, p. 49.

On ne saurait, en 1948, parler de Gandhi sans dire quelques mots au moins des circonstances dans lesquelles il mourut, et cela d'autant plus qu'elles ont été interprétées avec la plus grande fantaisie. Lorsque le meurtrier, Narayan Vinayak Godse, s'approcha, dans un geste de prière — le même que fait le bûcheron hindou avant d'abattre un arbre, le prêtre hindou avant d'immoler une chèvre — il n'avait probablement pas en lui de haine, mais simplement le sentiment d'accomplir son devoir propre, tel qu'il le comprenait, tout comme Gandhi accomplissait le sien, tel que lui le comprenait (1). *Le Mahâtmâ, frappé à mort, n'eut même pas un geste de blâme. Il prononça son mantra sacré, le nom de Râma, et l'Inde interpréta cette ultime parole comme une initiation donnée au meurtrier dans la non-violence, afin que dans une prochaine incarnation il puisse lui aussi connaître l'*ahimsâ. *Et cette attitude prend infiniment plus de poids lorsqu'on sait que plus de vingt ans auparavant, Gandhi avait écrit (au moment de la non-coopération et des sanglantes répressions qu'elle*

(1) Au cours de son procès, il a d'ailleurs fait, avec une évidente sincérité, la déclaration suivante : « Avant de tirer, je me suis [mentalement] prosterné devant lui, et j'ai fait des vœux pour lui. »

avait entraînées) : « J'espère qu'il y aura dans l'Inde suffisamment de non-coopérateurs non violents dont on puisse dire : ils ont reçu des balles sans en ressentir de colère et en gardant sur leurs lèvres une prière, même pour l'ignorant meurtrier (1). » *Comme cela dépasse de loin notre notion du « pardon des offenses », dont nous sommes si fiers lorsque nous arrivons à le mettre en pratique !*

Aussi pouvons-nous recueillir pieusement cette autre parole de Gandhi, qui nous offre un rayon d'espoir dans notre monde tragiquement tourmenté : « Je crois qu'à travers tous les flots de sang, toute la méchanceté et toute la malhonnêteté auxquelles a recours l'Occident sur une échelle colossale, l'ensemble de l'humanité progresse silencieusement mais sûrement vers un âge meilleur (2). »

*
* *

Les « Lettres à l'Ashram », qui n'avaient pas encore été publiées en français (3), *offrent l'intérêt tout particulier de nous présenter une*

(1) *Great thoughts...*, p. 14.
(2) *Ibid.*, p. 44.
(3) Une traduction de la première de ces lettres a pourtant paru dans le nº 6 des *Nouvelles de l'Inde*, juillet 1934.

vue d'ensemble, méthodique, des idées de Gandhi sur ces grandes règles morales fondamentales. C'est en 1930, alors qu'il était incarcéré à Yeravda, que Gandhi écrivit une série de quinze lettres à ses disciples restés à l'Ashram (1). *Le texte original est écrit en gujarate, mais il fut bientôt traduit en plusieurs langues. Gandhi, pendant un autre séjour dans la même prison, deux ans plus tard, revit et corrigea lui-même de très près la traduction anglaise qu'en avait préparée M. Valji Desai.*

La dernière lettre, celle qui est intitulée Svadeshi, *ne fut pas écrite en prison, car Gandhi ne se sentait pas certain de pouvoir traiter le sujet complètement et librement sans empiéter sur le domaine politique, qui lui était interdit. Il l'écrivit en 1931, après être sorti de prison, mais elle fut jointe à la série des lettres de Yeravda, auxquelles elle apporte un complément que Gandhi estime indispensable. Elle fut traduite en anglais par M. Pyarelal, et la traduction en a été revue également par Gandhi.*

Ces traductions ne sont d'ailleurs pas litté-

(1) Par *âshram*, on entend dans l'Inde un groupe de disciples qui s'assemblent autour d'un maître pour apprendre et pratiquer une discipline spirituelle. Le même terme désigne aussi le lieu où ces disciples vivent en communauté.

rales; dans sa préface à l'édition anglaise (1), *Gandhi les qualifie « d'assez complètes ». Nous avons cependant cru devoir les prendre pour base du texte français et les suivre avec une rigoureuse exactitude, car Gandhi (qui connaît parfaitement l'anglais) les a explicitement approuvées pour être mises entre les mains du lecteur occidental — bien qu'il ait écrit lui-même à leur sujet: « Si je refaisais ces Lettres à l'intention du lecteur anglais, j'écrirais peut-être quelque chose d'entièrement nouveau. »*

J'ai estimé nécessaire d'ajouter à ces Lettres quelques brefs extraits portant sur les mêmes sujets tirés soit des articles de Gandhi dans « Young India » (2), *soit de certains autres ouvrages de Gandhi. Si ces extraits figurent en appendice, ce n'est pas qu'ils soient moins importants que les Lettres, c'est uniquement parce que les Lettres forment un tout et que je n'ai pas voulu rendre leur lecture difficile en les surchargeant de notes, ni rompre leur cohésion*

(1) *From Yeravda Mandir*, publié à Ahmedabad par Jivanji Desai.

(2) *Young India* est un périodique édité depuis 1919, avec quelques interruptions, par Mahâtmâ Gandhi. Des extraits abondants en ont été traduits et publiés en français sous le titre *La Jeune Inde*. Stock, Paris, 1925, 380 p.

en y intercalant des textes étrangers. La petite anthologie de Gandhi publiée par M. Nirmal Kumar Bose (1) *et celle publiée par l'éditeur Ganesh (Madras) sous le titre « Great Thoughts of Mahatma Gandhi »* (2) *m'ont été d'une grande utilité pour le choix de ces extraits et m'ont beaucoup facilité la tâche.*

Dans la mesure du possible, j'ai évité de reproduire des passages déjà cités par Romain Rolland dans sa biographie de Gandhi. Ces citations, abondantes et admirablement choisies, forment un complément indispensable aux « Lettres à l'Ashram ».

Le lecteur s'étonnera peut-être de ce que, pour certains mots sanskrits, nous ayons donné dans ce volume des définitions très différentes de celles que nous avions données pour ces mêmes mots dans d'autres ouvrages de la même série. La raison en est que chacun de ces mots possède une vaste gamme de sens et que chaque auteur l'interprète de façon quelque peu différente. Aussi est-il essentiel de se renseigner toujours auprès de l'auteur lui-même ou tout

(1) *Selections from Gandhi* publié à Calcutta par le Nayavidhan Publication Committee.

(2) Cette dernière anthologie ne portant pas de références d'origine, les citations que j'en ai faites seront indiquées par le mot : Ganesh.

au moins auprès de ses disciples les plus proches et les plus autorisés. C'est ce qui a été fait pour toutes les notes qui figurent dans cette brochure.

Wardha, février 1937
et Vandœuvres, décembre 1948,

JEAN HERBERT.

Lettres à l'Ashram

अहिंसा सत्यमस्तेय ब्रह्मचर्य असंग्रहः
शरीरश्रम अस्वाद सर्वत्र भय वर्जन
सर्व धर्मी समानत्व स्वदेशी स्पर्श भावना
ही एकादश सेवावी न म्रत्वे व्रत निश्चये

En toute humilité je m'efforcerai
D'être aimant, véridique, honnête et pur,
De ne rien posséder dont je n'aie pas besoin,
De mériter mon salaire par mon travail,
D'être perpétuellement vigilant
Sur ce que je bois et je mange,
De toujours être intrépide,
De respecter les autres religions autant que la mienne
Et de chercher à toujours voir le bien chez mon prochain,
De suivre fidèlement le *svadeshi*
Et d'être un frère pour tous mes frères.

I

Vérité (*Satya*)

J'aborderai d'abord la Vérité, car la raison d'être même du *Satyagraha Ashram* est de rechercher la Vérité et de s'efforcer de la mettre en pratique.

Le mot *satya* (vérité) vient de *sat*, qui signifie être. Dans la réalité, il n'est rien, il n'existe rien sauf la Vérité. C'est pourquoi *Sat* ou Vérité est peut-être le nom le plus important de Dieu. En fait, dire que la Vérité est Dieu est plus juste que de dire que Dieu est Vérité. Mais de même que nous ne saurions nous passer d'un souverain ou d'un général, des appellations de Dieu telles que Roi des rois ou Tout-Puissant, sont d'un usage courant et le resteront. Si pourtant on réfléchit un peu plus profondément, on se rendra compte que *Sat* ou *Satya* est, pour désigner Dieu, le seul nom qui soit exact et qui ait un sens complet.

Là où est la Vérité est aussi la connaissance qui est vraie. Là où il n'est pas de Vérité, il ne saurait y avoir de connaissance vraie. C'est pourquoi on associe le nom *chit* ou connaissance, à celui de Dieu. Et là où se trouve la connaissance vraie, il y a toujours de la joie (*ânanda*), il n'y a aucune place pour la douleur. De même que la Vérité est éternelle, la joie qui en dérive est éternelle aussi. C'est pourquoi nous connaissons Dieu sous le nom de *Sat-Chit-Ananda,* Celui qui réunit en Soi la Vérité, la Connaissance et la Joie.

Seule la dévotion à cette Vérité justifie notre existence. La Vérité doit constituer le centre de toute notre activité. Elle devrait être le souffle même de notre vie. Lorsque le pèlerin est arrivé à cette étape de la route qu'il parcourt, il découvre sans aucun effort toutes les autres règles de vie et il s'y conforme instinctivement. Mais sans Vérité il serait impossible d'observer dans l'existence aucun principe ou aucune règle.

On croit en général que pour obéir à la loi de la Vérité il suffit de dire la vérité. Dans notre *âshram,* nous devons donner au mot *satya* ou vérité une signification beaucoup plus étendue. La Vérité doit se manifester dans nos pensées, dans nos paroles et dans nos actions. Pour celui qui a réalisé la Vérité dans toute sa plénitude, il ne reste plus rien à apprendre, car toute connaissance est nécessairement comprise dans la vérité. Ce qui n'en fait pas partie n'est pas Vérité et par conséquent n'est pas connaissance véritable. Or il ne peut y avoir de paix intérieure sans connaissance véritable. Une fois que nous saurons appliquer ce criterium infaillible de la Vérité, nous pourrons immédiatement discerner ce qui vaut la peine d'être fait, ou d'être vu, ou d'être lu.

Mais comment réaliser cette Vérité, qui rappelle un peu la pierre philosophale ou la vache intarissable [1] ? On y parvient, nous dit la *Bhagavad Gîtâ*, par une dévotion à laquelle on consacre tout son esprit [2] et par l'indifférence à tous les autres intérêts que peut offrir la vie [3]. Néanmoins, malgré toute cette dévotion, ce qui peut sembler vérité à l'un semble fréquemment erreur à l'autre. Que cela ne trouble pas le chercheur. Si l'on fait un effort sincère, on s'apercevra

(1) *Kamdhenu* était une vache mythologique qui appartenait à un sage appelé Vasishtha. Quoi qu'il lui demandât, elle le lui fournissait. L'expression est maintenant entrée dans la langue courante dans toute l'Inde.

(2) *Abhyâsa.*

(3) *Vairâgya.*

que les vérités différentes en apparence sont comme d'innombrables feuilles, qui paraissent différentes, et qui sont sur un même arbre. Dieu Lui-même ne Se montre-t-Il pas à différentes personnes sous différents aspects ? Et pourtant nous savons qu'Il est un. Mais Vérité est l'appellation exacte pour Dieu. Il n'y a donc aucun mal à ce que chacun recherche la Vérité selon ses propres lumières. C'est même le devoir de chacun de nous. Quand on s'y conforme, toute erreur qu'on peut faire dans cette poursuite de la Vérité se corrige automatiquement. Car cette recherche nécessite des *tapas* (1), des austérités volontairement acceptées, qui peuvent parfois conduire jusqu'à la mort. Elle ne laisse aucune place pour la plus petite ombre de préoccupations personnelles intéressées. Dans cette recherche désintéressée de la Vérité, nul ne peut s'égarer longtemps. Dès qu'on s'engage sur la mauvaise voie, on trébuche et on est ainsi dirigé de nouveau vers le bon chemin. La poursuite de la vérité est donc de la véritable *Bhakti* (dévotion). C'est le chemin qui mène à Dieu. On n'y trouve place

(1) Par *tapas* on entend un effort intense et continu combiné avec diverses austérités, et que l'on considère comme nécessaire pour atteindre le but qu'on s'est assigné.

ni pour la lâcheté, ni pour la défaite. C'est le talisman qui fait de la mort elle-même la porte de la vie éternelle.

A ce sujet, il serait bon de méditer sur la vie de Harishchandra [1], de Prahlâda [2], de Râmachandra [3], d'Imam Hasan et Imam Husain [4], des saints chrétiens, etc., et sur les exemples qu'ils nous donnent. Comme ce serait beau si tous, jeunes et vieux, hommes et femmes, nous nous consacrions entièrement à la Vérité dans tout ce que nous pouvons faire quand nous sommes éveillés, que nous travaillions, mangions,

(1) Harishchandra était un roi mythologique d'Ayodhya célèbre pour sa générosité et pour sa fidélité absolue à la Vérité. Le *rishi* Vishvamitra, sous un déguisement, le soumit aux épreuves les plus douloureuses, dont il sortit toujours avec succès.

(2) Le père de Prahlâda était un démon incarné dans le corps d'un roi (Hiranyakashipu). Il refusait de rendre aucun hommage aux dieux, de leur faire aucune prière ou aucun sacrifice. Et il chercha mainte fois à faire périr son fils qui, lui, s'obstinait à suivre la droite voie. Il le fit piétiner par un éléphant, précipiter du haut d'une tour, jeter dans un brasier, mais toujours Prahlâda fut miraculeusement sauvé de la mort.

(3) Le principal personnage de l'épopée connue sous le nom de Râmâyana.

(4) Deux saints musulmans qui donnèrent leur vie en défendant le gendre du prophète contre celui qu'ils considéraient comme un usurpateur. C'est en leur honneur qu'est célébrée chaque année la fête de Muharram.

buvions ou jouions, jusqu'à ce que la dissolution de notre corps fasse que nous devenions un avec la Vérité! Dieu comme Vérité a été pour moi un trésor inestimable ; puisse-t-Il l'être aussi pour chacun de nous [1]!

(1) Voir aussi page 123.

II

Amour (Ahimsâ)

La semaine dernière, nous avons vu que le sentier de la Vérité est aussi étroit qu'il est droit. Il en est de même du sentier de l'*ahimsâ*. C'est comme si l'on se tenait en équilibre sur le tranchant d'une épée. En concentrant ses facultés, un acrobate peut danser sur une corde raide. Mais il faut une concentration beaucoup plus grande encore pour suivre le sentier de la Vérité et de l'*ahimsâ*. La plus légère inattention vous en fait choir. Ce n'est que par un effort incessant que l'on peut arriver à réaliser en soi la Vérité et l'*ahimsâ*.

Il nous est impossible de réaliser la Vérité parfaite tant que nous sommes prisonniers de cette enveloppe mortelle. Nous ne pouvons que nous la représenter par l'imagination. Notre corps éphémère n'est pas un instrument avec lequel nous puissions voir face à face la Vérité, qui est éternelle. C'est pourquoi on est finalement amené à compter sur la foi.

Il semble que l'impossibilité de réaliser pleinement la Vérité dans notre corps mortel ait fait apprécier l'*ahimsâ* par quelque ancien sage en quête de la Vérité. Le problème devant lequel il se trouva placé était celui-ci : « Vais-je supporter ceux qui me suscitent des difficultés, ou vais-je les détruire ? » Il comprit alors que celui qui persiste à détruire d'autres êtres n'avance pas, mais reste simplement où il est, tandis que celui qui supporte les créatures lui créant des difficultés va de l'avant, et parfois même entraîne les autres avec lui. Le premier acte de destruction lui enseigna que la Vérité qu'il cherchait n'était pas à l'extérieur, mais au-dedans de lui. Par conséquent, plus il recourait à la violence et plus il s'éloignait de la Vérité. Car en luttant contre l'ennemi qu'il cherchait à l'extérieur, il négligeait l'ennemi intérieur.

Nous châtions les voleurs parce que nous nous croyons persécuté par eux, mais s'ils nous laissent tranquille, ce sera uniquement pour s'attaquer à quelqu'un d'autre. Or cette autre victime est aussi un être humain, c'est-à-dire nous-même sous une forme différente, et ainsi nous nous trouvons pris dans un cercle vicieux. Le trouble provoqué par les voleurs continue de grandir, puisqu'ils considèrent que leur métier est de voler. En fin de compte, nous nous apercevrons qu'il est préférable de supporter les voleurs que de les châtier. Peut-être même notre patience les amènera-t-elle à de meilleurs sentiments. En les supportant, nous comprendrons que les voleurs ne sont pas différents de nous, qu'ils sont nos frères, nos amis, et qu'on ne doit pas les punir. Mais tandis que nous supportons les voleurs, il ne faut pas se résigner au mal. Cela produirait en nous de la lâcheté! C'est alors que nous découvrons un nouveau devoir. Si nous considérons les voleurs comme des membres de notre famille, il faut leur faire comprendre cette parenté. Aussi devons-nous nous efforcer de trouver des moyens pour les gagner à nous. Voilà la voie de l'*ahimsâ*. Elle peut provoquer des souffrances continuelles et nous obliger à cultiver une patience infinie, mais si ces deux conditions sont acceptées, le voleur sera forcément amené à renoncer finalement à sa mauvaise vie. Et ainsi, pas à pas, nous arriverons à établir des relations d'amitié avec le monde entier ; nous comprendrons la grandeur de Dieu, de la Vérité. La paix de notre esprit se fera plus profonde malgré les souffrances ; nous deviendrons plus courageux et plus entreprenant ; nous comprendrons plus clairement la différence entre ce qui est éternel et ce qui ne l'est pas ; nous apprendrons à distinguer entre ce qui est notre devoir et ce qui ne l'est pas. Notre orgueil fondra et nous deviendrons humble. Nos attachements terrestres se relâcheront, et le mal qui en est nous diminuera de jour en jour.

L'*ahimsâ* n'est pas la chose simple et grossière qu'on a dépeinte. Ne faire de mal à aucun être vivant est sans doute une partie de l'*ahimsâ*, mais ce n'en est que le plus petit aspect. Le principe de l'*ahimsâ* est enfreint par toute pensée mauvaise, par toute hâte injustifiée, par le mensonge, la haine, le fait de souhaiter du mal à quiconque. On le viole également lorsqu'on retient pour soi ce dont le monde a besoin. Le monde a besoin même de ce que nous mangeons chaque jour! A la place que nous occupons, il y a des millions de micro-organismes à qui cette place appartient, et que notre présence fait souffrir. Alors que faire? Faut-il nous suicider? Cela même n'est pas une solution puisque nous admettons que l'esprit, tant qu'il est attaché à la chair, se tisse un corps nouveau lorsque celui qu'il avait est détruit. Le corps cessera seulement lorsque nous n'aurons plus pour lui aucun attachement. Cette libération de tout attachement est la réalisation de Dieu comme Vérité. Cette réalisation ne peut être atteinte hâtivement. Le corps ne nous appartient pas. Tant qu'il dure, nous devons nous en servir comme d'une chose qui nous a été confiée et dont nous sommes responsable. En considérant ainsi ce qui appartient à la chair, nous pouvons espérer nous libérer un jour du fardeau du corps. En comprenant les limitations auxquelles la chair est sujette, nous devons quotidiennement nous efforcer vers l'idéal, avec toute la force que nous pouvons avoir en nous.

Ce qui précède aura peut-être fait comprendre que sans *ahimsâ*, il est impossible de chercher et de trouver la Vérité. L'*ahimsâ* et la Vérité sont si étroitement entrelacées qu'il est pratiquement impossible de les démêler et de les séparer l'une de l'autre. Elles sont comme les deux faces d'une médaille, ou plutôt d'un disque de métal lisse et sans empreinte. Qui peut dire quel en est le revers et quel en est l'avers ? Néanmoins l'*ahimsâ* est le moyen, la Vérité est le but. Des moyens, pour être des moyens, doivent toujours rester à notre portée ; aussi l'*ahimsâ* est-elle notre devoir suprême. Si nous prenons soin des moyens, nous sommes certains, tôt ou tard, de parvenir au but. Une fois que nous avons compris cela, la victoire finale ne fait plus aucun doute. Quelles que soient les difficultés auxquelles nous nous heurtions, quels que soient les échecs apparents que nous subissions, il ne nous est pas permis d'abandonner la recherche de la Vérité, qui seule *est*, puisqu'elle est Dieu Lui-même [1].

(1) Voir aussi page 132.

III

Chasteté (Brahmâchârya)

La troisième règle que nous devions observer est celle de *brahmâchârya.* En fait toutes ces règles sont tirées de la Vérité, elles ont pour but de la servir. L'homme qui a choisi la Vérité pour épouse et qui n'adore que la seule Vérité, lui fait une infidélité s'il applique ses facultés à autre chose. Comment pourrait-il pourvoir aux désirs de ses sens ? Celui dont l'activité est entièrement consacrée à la réalisation de la Vérité, qui exige un désintéressement absolu, n'a pas de loisirs à consacrer à l'occupation égoïste d'engendrer des enfants et de diriger une maison. Après ce que nous avons déjà dit, on doit voir que réaliser la Vérité par la satisfaction de son égoïsme implique une contradiction irréductible.

Si nous nous plaçons au point de vue de l'*ahimsâ*, nous constatons que l'accomplissement de cette dernière est impossible sans un complet désintéressement. *Ahimsâ* signifie Amour Universel. Si un homme donne son amour à une femme, ou une femme à un homme, que leur reste-t-il à donner au monde entier ? Cela signifie tout simplement : « Nous deux d'abord, et que le diable emporte le reste. » Puisqu'une femme fidèle doit être prête à tout sacrifier pour son mari, et qu'un mari fidèle doit en faire autant pour sa femme, il est clair que ni l'un ni l'autre ne peut s'élever à la hauteur de l'Amour Universel, ou considérer toute l'humanité comme sa famille. Ils ont élevé un mur autour de leur amour. Plus leur famille est nombreuse, et plus ils sont éloignés de l'Amour Universel. Celui qui veut obéir à la loi de l'*ahimsâ* ne peut donc pas se marier, — et je ne parle même pas de l'assouvissement des désirs sexuels en dehors du mariage!

Quelle est alors la situation des gens qui sont déjà mariés ? Ne pourront-ils jamais réaliser la Vérité ? Ne pourront-ils jamais tout offrir sur l'autel de l'humanité ? Il existe pour eux une solution. Ils peuvent se conduire comme s'ils n'étaient pas mariés. Ceux qui ont pu jouir de cet heureux état pourront confirmer mes paroles. Beaucoup ont, à ma connaissance, tenté cette expérience avec succès. Si les époux peuvent se considérer comme frère et sœur, ils deviennent disponibles pour le service de l'humanité. L'idée même que toutes les femmes de la terre sont pour lui des sœurs, des mères, des filles, ennoblit immédiatement un homme et brise ses chaînes. Le mari et la femme n'y perdent rien, ils ne font qu'élargir le milieu dans lequel ils vivent, eux et leur famille. Leur amour se libère de l'impureté du désir et ainsi devient plus fort. Avec la disparition de cette impureté, ils peuvent mieux se servir mutuellement, et les occasions de querelles deviennent plus rares. Lorsque l'amour est égoïste et borné, il y a davantage d'occasions de disputes.

Si l'on reconnaît la valeur des considérations qui précèdent, la question du profit physique que procure la chasteté n'a plus qu'une importance secondaire. Comme il est sot de gaspiller délibérément son énergie vitale dans des jouissances sensuelles! C'est un grave abus que de dissiper dans la recherche de plaisirs physiques ce qui a été donné à l'homme et à la femme pour qu'ils puissent développer pleinement leurs pouvoirs corporels et mentaux. Cet abus est la cause profonde de beaucoup de maladies [1].

Comme toutes les autres règles, le *brahmâchârya* doit être observé en pensée, en parole et en action. On nous dit dans la *Gîtâ*, et l'expérience le confirme, que l'insensé qui paraît avoir dominé son corps, et qui entretient des pensées perverses dans son esprit, fait un effort vain. Il peut être dangereux de refréner son corps si on laisse en même temps vagabonder l'esprit. Lorsque l'esprit s'égare, il faut que tôt ou tard le corps suive.

Il faut se rendre compte ici de l'importance d'une distinction ; permettre à son esprit d'entretenir des pensées impures est une chose ; c'en est une autre lorsque l'esprit, malgré nous, s'égare parmi ces pensées. Dans ce cas, la victoire nous reviendra finalement pourvu que nous refusions de coopérer avec l'esprit dans ses vagabondages pervers.

A chaque instant de notre vie nous observons que souvent l'esprit échappe à notre direction, alors même que nous sommes maître de notre corps. Il ne faut jamais relâcher cette domination du corps physique, mais en plus il faut exercer un effort conti-

(1) Voir Ghandi, *Le Guide de la Santé*. Traduction et préface de Henri Delmas. Figuière, Paris, 1932.

nuel pour s'assurer aussi la maîtrise de l'esprit. Nous ne pouvons rien faire de plus — ni de moins. Si nous cédons à notre esprit, le corps et l'esprit nous tireront dans des directions différentes et nous ne serons pas vrai envers nous-même. On peut dire que le corps et l'esprit vont de pair tant que nous continuons à nous opposer à l'approche de toute pensée mauvaise.

On a cru qu'il était très difficile, presque impossible, d'observer le *brahmâchârya*. Lorsqu'on cherche la raison de cette croyance, on s'aperçoit que le terme *brahmâchârya* a été pris dans un sens étroit. On s'est imaginé que le refrènement des passions bestiales équivalait à l'observation du *brahmâchârya*. J'estime que cette conception est incomplète et fausse. *Brahmâchârya* signifie contrôle de tous les organes des sens. Celui qui essaie de dominer un seul organe et qui laisse libre cours à tous les autres devra forcément constater la futilité de son effort. Écouter avec les oreilles des histoires suggestives, regarder avec les yeux des scènes qui le sont également, goûter avec la langue des nourritures excitantes, toucher avec les mains des objets excitants et s'imaginer qu'on pourra en même temps rester maître du seul organe restant, c'est comme si l'on mettait ses mains dans le feu et qu'on s'attende à ne pas se brûler. Celui qui est résolu à maîtriser un organe doit être décidé à maîtriser également les autres. J'ai toujours senti que cette définition étroite du *brahmâchârya* a fait beaucoup de mal. Si nous nous exerçons à la domination de nous-même dans toutes les directions simultanément, notre tentative sera scientifique et le succès sera possible. Peut-être notre palais est-il le principal responsable. C'est pourquoi, dans l'*Ashram*, nous avons donné au contrôle du palais une place spéciale parmi les règles que nous observons.

Rappelons-nous le sens étymologique de *brahmâchârya*. *Chârya* signifie règle de vie, conduite ; *brahmâ-chârya* désigne la conduite adaptée à la recherche de *Brahman*, c'est-à-dire de la Vérité. C'est de ce sens premier que découle le sens spécial de maîtrise de tous les sens. Il nous faut complètement oublier la définition incomplète qui se restreint uniquement à la question sexuelle [1].

(1) Voir aussi page 151.

IV

Maîtrise des organes du goût

La maîtrise de notre palais est étroitement reliée à l'observation de *brahmâchârya.* J'ai constaté par expérience que le célibat devient relativement facile quand on s'est rendu maître de son palais. Cet élément ne figure pas parmi les règles consacrées par la tradition. Serait-ce parce que même de grands sages en ont trouvé l'application difficile? Au *Satyagraha Ashram*, nous l'avons élevé à la dignité d'une règle spéciale, et nous devons donc l'étudier séparément.

Il faut prendre la nourriture comme on prend des médicaments, c'est-à-dire sans se demander si elle est ou non agréable au goût ; il ne faut en prendre que les quantités nécessaires aux besoins du corps (1). Les médicaments pris en trop petite quantité restent sans effet ou ne donnent pas leur plein effet,

(1) Voir Gandhi, *Le Guide de la Santé*, *op. cit.*, p. 52-83.

et quand on les prend en trop grande quantité le système en souffre. Il en est de même pour la nourriture. Prendre quoi que ce soit simplement parce que le goût en est agréable est donc une infraction à cette règle. C'en est une également que de manger trop de ce qui est à notre goût. Il en résulte qu'ajouter du sel aux aliments pour en accroître ou en modifier la saveur ou pour en faire disparaître l'insipidité, est aussi une infraction à la règle. Mais cela ne constituera pas une infraction si l'on estime nécessaire à la santé de mélanger à la nourriture une certaine quantité de sel. Ce serait naturellement pure hypocrisie d'ajouter aux aliments du sel ou n'importe quoi d'autre en nous racontant à nous-même que c'est nécessaire pour l'organisme si tel n'est pas le cas en réalité.

Si nous continuons dans le même sens, nous verrons que nous devons renoncer à beaucoup de choses auxquelles nous prenions plaisir, parce qu'elles ne sont pas nécessaires à notre subsistance. Or celui qui a ainsi renoncé à quantité d'aliments acquerra tout naturellement la maîtrise de soi. Jusqu'ici, on a prêté à ce sujet si peu d'attention, qu'il est très difficile de choisir ses aliments lorsqu'on veut observer cette règle.

Par l'effet d'un amour mal compris, les parents donnent à leurs enfants une alimentation très variée, abîment ainsi leur santé et créent en eux des goûts artificiels. Lorsque les enfants deviennent grands, leurs corps sont malades et leurs goûts sont pervertis. Les conséquences néfastes de ces faiblesses pendant nos premières années nous guettent à chaque pas ; nous gaspillons beaucoup d'argent et nous sommes une proie facile pour le médecin.

La plupart d'entre nous, au lieu de rester maîtres des organes de leurs sens, en deviennent les esclaves. Un médecin qui avait une longue expérience, disait un jour qu'il n'avait jamais vu un homme sain. Le corps subit un dommage chaque fois qu'on mange trop, et ce dommage ne peut être réparé — en partie — que par le jeûne.

Nul ne doit s'effrayer de mes observations, ni désespérer et renoncer à la tentative. Faire vœu de quelque chose ne signifie pas que nous puissions observer rigoureusement ce vœu dès le début, cela signifie que nous devons faire loyalement des efforts constants en pensée, en parole et en action, pour observer le vœu que nous avons prononcé. Il ne faut pas chercher à se tromper soi-même en ayant recours à quelque subterfuge. Rabaisser ou avilir un idéal pour notre propre commodité, c'est être infidèle à la Vérité, c'est s'abaisser soi-même. Comprendre un idéal et faire ensuite un effort herculéen pour y parvenir, si difficile soit-il, c'est *purushârtha*, une noble tentative. Celui qui applique en tous temps et à la perfection les règles fondamentales n'a plus rien à accomplir dans ce monde ; il est *bhagavân*, un homme parfait, un *yogin*. Nous autres qui nous efforçons humblement ne sommes capables que d'un effort lent, mais persévérant, qui est sûr de nous attirer la grâce divine, au moment que Dieu jugera opportun. Alors, lorsque nous réaliserons le Seigneur Suprême, tous nos appétits superficiels s'évanouiront.

Il ne faut pas penser pendant vingt-quatre heures par jour à ce qu'on mange. Tout ce qui est nécessaire, c'est une vigilance perpétuelle, grâce à laquelle nous distinguerons très vite les cas où nous mangeons pour notre plaisir et ceux où nous mangeons uniquement pour entretenir notre corps. Lorsque nous serons fixé à ce sujet, il nous faudra prendre fermement position contre toute faiblesse. Une cuisine commune dans laquelle ce principe est observé nous sera pour cela très utile, en nous déchargeant de la nécessité de combiner chaque jour un menu ; elle nous fournira une nourriture mangeable, dont nous ne devrons prendre qu'une quantité restreinte, avec gratitude et satisfaction. Ceux qui dirigent une cuisine commune allègent notre fardeau et montent la garde contre nos tentations d'enfreindre les règles. Ils ne chercheront pas à flatter notre palais, ils ne prépareront pour nous que les aliments pouvant nous aider à entretenir notre corps en tant qu'instrument pour servir. L'idéal serait que le soleil fût notre seul cuisinier, mais je sais que nous sommes loin, très loin de cet état bienheureux [1].

(1) Voir aussi page 153.

V

Abstention de vol

Nous arrivons maintenant à la règle d'abstention de vol. Comme les deux précédentes, elle résulte implicitement de la Vérité. L'Amour peut dériver de la Vérité ou être accouplé à la Vérité. Vérité et Amour sont une seule et même chose. J'ai cependant un certain faible pour la Vérité. En dernière analyse, il ne peut y avoir qu'une seule réalité. La Vérité la plus haute n'a pas besoin d'être étayée. La Vérité est le but, l'Amour un moyen pour y parvenir. Nous savons ce qu'est l'Amour ou non-violence, bien que nous ayons de la difficulté à en observer la loi. Mais quant à la Vérité, nous n'en connaissons qu'une fraction. Il est difficile à l'homme d'atteindre à la parfaite connaissance de la Vérité, comme il lui est difficile d'atteindre à la pratique parfaite de la non-violence.

Il est impossible à une même personne de voler et de prétendre en même temps connaître la Vérité ou chérir l'Amour. Et pourtant chacun de nous, consciemment ou non. est plus ou moins coupable de vol. On peut voler non seulement ce qui appartient à autrui, mais aussi ce qui nous appartient à nous-même ; c'est le cas par exemple du père qui mange quelque chose en cachette de ses enfants. Les provisions des cuisiniers de l'*Ashram* appartiennent en commun à nous tous, mais celui qui en dérobe secrètement un seul morceau de sucre fait de soi un voleur. C'est un vol de prendre quoi que ce soit à autrui sans sa permission, même s'il le sait. C'est également un vol de prendre quelque chose que l'on croit n'appartenir à personne. Ce que l'on trouve sur la route appartient au souverain ou aux autorités locales. Tout objet trouvé aux environs de l'*Ashram* doit être remis au secrétaire, qui le transmettra à la police, si l'objet n'appartient pas à l'Ashram.

Jusque-là c'est assez facile, mais la règle de l'abstention de vol va beaucoup plus loin. C'est un vol de prendre quelque chose appartenant à autrui, même avec la permission du propriétaire, lorsqu'on n'en a pas vraiment besoin. On ne doit pas recevoir un seul objet dont on n'ait pas besoin. Ce genre de vol porte surtout sur les aliments. Si je mange un fruit dont je n'ai pas besoin, ou si j'en prends plus qu'il ne m'est nécessaire, je commets un vol. On ne connaît pas toujours ses besoins réels, et la plupart d'entre nous multiplient leurs besoins sans justification ; ainsi nous faisons inconsciemment de nous des voleurs. Si nous nous donnons la peine d'y réfléchir, nous verrons que nous pouvons éliminer quantité de nos besoins actuels. Celui qui observe la règle de l'abstention de vol réduira progressivement les siens. Une grande partie de la misère affligeante qu'on voit dans le monde résulte d'infractions à ce principe de l'abstention de vol.

Le vol, tel que nous venons de l'envisager, peut être appelé vol matériel ou extérieur. Il en est encore une espèce, plus subtile et beaucoup plus avilissante pour l'esprit humain. Désirer mentalement quelque chose appartenant à autrui, ou regarder cette chose avec convoitise, est aussi un vol. On considère généralement que celui qui ne prend pas de nourriture, matériellement parlant, jeûne, mais il se rend coupable de vol, et aussi d'une rupture de son jeûne, s'il s'adonne à une contemplation mentale des plaisirs du goût lorsqu'il voit d'autres personnes prendre leur repas. Il est coupable de la même manière si pendant son jeûne il pense continuellement aux menus variés qu'il dégustera après la fin de son jeûne.

Celui qui observe la règle de l'abstention de vol refusera de se préoccuper de ce qu'il peut acquérir dans l'avenir. Cette inquiétude néfaste de l'avenir se trouve à l'origine de beaucoup de vols. Aujourd'hui nous ne faisons que désirer une chose, mais demain nous commencerons à prendre des mesures, honnêtes si possible, malhonnêtes si nécessaire, pour posséder cette chose.

On peut voler des idées tout aussi bien que des objets matériels. Celui qui prétend égoïstement être l'instigateur ou l'auteur d'une bonne idée qu'en réalité il n'a pas eue le premier, est coupable d'un vol d'idées. Beaucoup de savants, dans l'histoire du monde, se sont rendus coupables de ce genre de vol, et le plagiat n'est pas du tout chose rare, même de nos jours. Si par exemple je vois à Andhra un nouveau modèle de rouet et que j'en fabrique un semblable à l'*Ashram*, en le faisant passer pour ma propre invention, je me rends coupable de mensonge et il est clair que je vole l'invention appartenant à quelqu'un d'autre.

Celui qui adopte la règle de l'abstention de vol doit donc être humble, réfléchi, attentif, et d'habitudes simples.

VI

Non-possession ou pauvreté

La non-possession est liée à l'abstention de vol. Un objet, même s'il n'a pas été acquis par le vol, doit néanmoins être considéré comme dérobé, si on le possède sans en avoir besoin. Possession implique prévoyance pour l'avenir. Celui qui recherche la Vérité, celui qui obéit à la loi de l'Amour ne peut rien vouloir conserver pour se protéger contre le lendemain. Dieu ne fait jamais de réserve pour le lendemain. Il ne crée jamais plus qu'il n'est strictement nécessaire à un moment donné. Si par conséquent nous mettons notre foi en Sa providence, nous devons être assuré qu'Il nous donnera chaque jour notre pain quotidien, c'est-à-dire tout ce dont nous aurons besoin. Les saints et les dévots qui ont vécu avec une telle foi, ont toujours constaté que l'expérience venait la justifier. C'est en ignorant ou en négligeant la Loi divine, qui donne à l'homme chaque jour son pain quotidien et pas davantage, que nous avons fait naître des inégalités avec toutes les misères qui les accompagnent.

Le riche possède des quantités de choses superflues, dont il n'a pas besoin et qui sont par suite négligées et gaspillées, tandis que des millions d'hommes meurent de faim, faute de pouvoir manger. Si chacun ne conservait que ce dont il a besoin, nul ne manquerait de rien, et chacun se contenterait de ce qu'il a. Dans le système actuel, le riche est tout aussi mécontent que le pauvre. Le pauvre voudrait bien devenir millionnaire, et le millionnaire voudrait bien devenir multimillionnaire. Le riche devrait prendre l'initiative de la dépossession pour permettre que la satisfaction règne universellement. Si seulement il restreignait sa fortune à des limites raisonnables, on pourrait nourrir tous les affamés et leur enseigner — en même temps qu'aux riches — à être satisfaits de leur sort!

Pour réaliser parfaitement l'idéal de la non-possession, il faut que l'homme, comme l'oiseau, n'ait pas de toit au-dessus de sa tête, n'ait pas de vêtements, n'ait pas de provision d'aliments pour le lendemain. Il aura naturellement besoin de son pain quotidien, mais c'est à Dieu et non à lui qu'il appartiendra de le fournir. Il n'y a que très peu de gens, si même il y en a, qui puissent parvenir à cet idéal. Les chercheurs ordinaires comme nous ne doivent pas se laisser rebuter par l'impossibilité apparente. Ils doivent conserver l'idéal constamment devant les yeux et examiner à sa lumière, de façon critique, leurs biens, pour essayer de les réduire.

La civilisation, au vrai sens du mot, ne consiste pas à multiplier les besoins, mais à les réduire volontairement, délibérément. Cela seul amène le vrai bonheur, la véritable satisfaction, et nous permet ainsi de mieux servir. Si nous appliquons ce criterium, nous constatons que même à l'*Ashram* nous possédons beaucoup de choses dont on ne saurait prouver la nécessité, et qu'ainsi nous soumettons notre prochain à la tentation de voler.

Du point de vue de la Vérité pure, le corps aussi est une possession. On a dit très justement que le désir des jouissances crée des corps pour notre âme. Lorsque le désir disparaît, il n'y a plus besoin du corps, et l'homme est libéré du cercle vicieux des naissances et des morts. L'âme est omniprésente ; pourquoi voudrait-elle être enfermée dans un corps semblable à une cage, faire le mal et même tuer, pour l'amour de cette cage ? Nous arrivons ainsi à l'idéal de la renonciation totale, et nous apprenons à utiliser le corps, tant qu'il existe, pour servir. Ainsi c'est le service et non le pain qui devient pour nous le but de la vie. Nous mangeons et nous buvons, nous dormons et nous nous éveillons, uniquement pour servir. Cette attitude mentale nous donne le vrai bonheur, et, avec le temps, la vision béatifique. Que chacun de nous s'examine de ce point de vue.

Il faut nous rappeler que la non-possession est un principe applicable aux pensées aussi bien qu'aux choses. Celui qui emplit son cerveau de connaissances inutiles viole ce principe inestimable. Les pensées qui nous écartent de Dieu ou qui ne nous conduisent pas vers Lui sont des obstacles sur notre route. Nous pouvons à ce sujet nous reporter à la définition de la connaissance que donne le treizième chapitre de la *Gîtâ*. Nous y voyons que l'humilité (*amânitvam*, etc.) constitue la connaissance et que tout le reste est ignorance. Si cela est vrai — et il n'y a pas de doute que ce soit vrai — une grande partie des soi-disant connaissances dont nous sommes fiers aujourd'hui sont de l'ignorance pure et simple, et par conséquent nous font du mal, au lieu d'être pour nous de quelque profit. Elles égarent l'esprit, et même y font le vide, et le mécontentement fleurit en d'interminables ramifications du mal.

Je n'ai pas besoin d'ajouter que ce n'est pas là un plaidoyer en faveur de l'inertie. Chaque instant de notre vie doit être rempli d'activité mentale ou physique, mais cette activité doit être sattvique, c'est-à-dire conduire à la Vérité. Celui qui a consacré sa vie à servir ne peut pas rester oisif un seul instant, mais il faut apprendre à distinguer entre la bonne et la mauvaise activité. Ce discernement accompagne naturellement une consécration entière à l'idéal de servir (1).

(1) Voir aussi page 155.

VII

Intrépidité

Tous ceux qui lisent la *Gîtâ* savent que l'intrépidité figure en tête de la liste des Attributs divins énumérés au seizième chapitre. Je ne suis pas en mesure de dire si cela est dû aux exigences de la versification ou si c'est avec intention que l'auteur attribue à l'intrépidité la place d'honneur. A mon avis néanmoins, elle mérite largement la première place qui lui est assignée, car elle est indispensable pour le développement des autres qualités nobles. Comment sans intrépidité peut-on chercher la Vérité ou chérir l'Amour? Comme le dit Pritam [1],

(1) Poète et saint gujarate du XVIIIe siècle, qui écrivit des chants sacrés.

« le sentier qui mène à *Hari* (le Seigneur) est le sentier du brave, non celui des lâches ». Ici *Hari* désigne la Vérité, et les braves ne sont pas ceux qui sont armés d'épées, de fusils, etc., ce sont les intrépides. Seuls ceux que possède la crainte se munissent d'armes.

L'intrépidité révèle que l'individu est libéré de toute crainte extérieure, que ce soit celle de la maladie, des blessures physiques, de la mort, ou celle de perdre ses biens, de perdre les êtres les plus proches et les plus chers, de perdre sa réputation, d'offenser autrui, etc. Celui qui a vaincu la crainte de la mort n'a pas par là vaincu toutes les autres craintes, comme on le suppose communément mais à tort. Certains d'entre nous ne redoutent pas la mort, mais fuient devant les petits maux de la vie. Certains sont prêts à mourir, mais ne peuvent supporter que des êtres chers soient enlevés. Certains avares supportent tout, et sont prêts à abandonner leur vie, mais pas leurs biens. D'autres feront n'importe quelles actions sinistres pour maintenir leur soi-disant prestige ; d'autres s'écarteront de la voie droite et étroite qu'ils voient clairement devant eux, simplement parce qu'ils ont peur de se faire blâmer par la société. Celui qui cherche la Vérité doit surmonter toutes ces craintes. Il doit être prêt à tout sacrifier pour cette recherche, comme le fit Harishchandra [1]. L'histoire de Harishchandra peut n'être qu'une parabole, mais tous ceux qui cherchent savent, par leur propre expérience, qu'elle est vraie ; et par conséquent elle a autant de valeur que n'importe quel fait historique.

L'intrépidité parfaite ne peut être atteinte que par celui qui a réalisé le Suprême, car cela implique qu'il est libéré de l'illusion des mirages. On peut toujours se rapprocher de ce but si l'on fait un effort décidé et persévérant, et si l'on entretient la confiance en soi.

Comme je l'ai dit dès le début, il faut nous débarrasser de toute crainte extérieure. Mais il faut toujours craindre les ennemis intérieurs. Nous avons raison de redouter la passion bestiale, la colère, etc. Les craintes extérieures cessent d'elles-mêmes une fois que nous avons triomphé de ces traîtres dans notre camp. Pour toutes ces craintes,

(1) Voir note 1, p. 33.

le corps est le centre autour duquel elles évoluent, et par conséquent elles disparaissent dès qu'on s'est libéré de l'attachement pour le corps. Nous voyons ainsi que toute crainte extérieure est tissée sans aucune base par notre façon de voir les choses. La crainte n'a point de place dans notre cœur, lorsque nous avons rejeté notre attachement pour la richesse, la famille et le corps. « Jouis des choses de la terre en y renonçant » est un noble précepte. La richesse, la famille, le corps, seront là malgré tout ; il nous suffit de modifier notre attitude envers eux. Tout cela appartient à Dieu, et pas à nous. Absolument rien dans ce monde n'est à nous. Nous-même nous Lui appartenons. Alors pourquoi aurions-nous la moindre anxiété ? C'est pourquoi l'*Upanishad* nous donne pour instructions de « renoncer à notre attachement pour les choses dont nous jouissons ». Cela signifie que nous devons nous y intéresser non pas comme propriétaires, mais comme gardiens de ce qui nous a été confié. Celui au nom de qui nous les détenons nous donnera la force et les armes nécessaires pour les défendre contre tous les usurpateurs. Quand nous cesserons d'être des maîtres, et que nous descendrons au rôle de serviteurs, plus humbles que la poussière que nous foulons, toutes les craintes se dissiperont comme des brumes — nous atteindrons la paix ineffable et nous verrons *Satyanârâyana* (le Dieu de Vérité) face à face [1].

(1) Voir aussi page 157.

VIII

Elimination de l'intouchabilité

Cette règle aussi, comme celle de la domination des organes du goût, est une règle nouvelle ; elle peut même sembler un peu étrange, mais elle a une importance vitale. L'intouchabilité, cela signifie que le contact de certaines personnes cause une souillure parce que ces personnes sont nées dans un certain état ou dans une certaine famille. Pour employer les termes d'Akha [1], c'est une excroissance. Sous le couvert de la religion, elle est toujours un obstacle et elle corrompt la religion.

Nul ne peut naître intouchable, puisque chaque être est une étincelle d'un seul et même Feu. Considérer que certains êtres

(1) Poète gujarate de la deuxième moitié du XVIIe siècle. Il fut orfèvre toute sa vie, et il écrivit des chants sacrés. On le révère comme un saint.

humains sont intouchables depuis leur naissance est une conception fausse. On a tort également d'avoir de faux scrupules au sujet du contact d'un cadavre ; celui-ci, au contraire, devrait être l'objet de pitié et de respect. Ce n'est que pour des raisons d'hygiène qu'on doit se baigner après avoir habillé un mort, après s'être frotté d'huile ou s'être fait raser. Celui qui ne se baigne pas dans ces circonstances peut être considéré comme malpropre, mais certainement pas comme pécheur. La mère peut être « intouchable » tant qu'elle ne s'est pas baignée, ou qu'elle ne s'est pas lavé les pieds et les mains après avoir nettoyé son enfant qui s'est sali, mais si un enfant la touche à ce moment-là, il n'en sera pas souillé.

On considère néanmoins avec mépris les *banghis* [1], les *dheds* [2], les *châmârs* [3] et d'autres encore comme des intouchables depuis leur naissance. Ils peuvent se baigner pendant des années et se savonner tant

(1) Catégorie d'intouchables qui gagnent généralement leur vie en nettoyant les latrines publiques et privées.

(2) Catégorie d'intouchables chargés du nettoiement des rues. Ils s'occupent aussi de tissage.

(3) Catégorie d'intouchables qui s'occupent généralement du travail du cuir et des peaux.

qu'ils voudront, s'habiller correctement et porter la marque des *vishnouïtes* (1), lire la *Gîtâ* tous les jours et exercer une profession libérale, — ils resteront quand même des intouchables. C'est de l'irréligion pure et simple, digne seulement d'être extirpée.

En considérant l'élimination de l'intouchabilité comme une des règles qui doivent être observées dans l'*Ashram*, nous proclamons notre conviction que l'intouchabilité, non seulement ne fait pas partie intégrante de l'hindouisme, mais encore est un fléau que chaque hindou a le strict devoir de combattre. Par conséquent tout hindou qui y voit un péché doit contribuer à l'expier en fraternisant avec les intouchables, en s'associant à eux dans un esprit d'amour et de service, en considérant que de tels actes le purifient lui-même, en redressant les injustices dont ils souffrent, en les aidant patiemment à sortir de l'ignorance et des autres maux qui résultent de siècles d'esclavage, et en encourageant d'autres hindous à agir de même.

Quand on envisage de ce point de vue spiri-

(1) L'une des trois grandes divisions de l'hindouisme. Les deux autres sont les *shâktas* et les *shivaïtes*. Dans l'Inde, on porte souvent, imprimé en poudre de santal, sur le visage, les bras ou le torse, le signe distinctif de sa caste et de sa religion.

tuel l'élimination de l'intouchabilité, les conséquences matérielles et politiques perdent toute importance et on se lie avec les prétendus intouchables sans se préoccuper de ces conséquences. Ceux qui cherchent la Vérité n'accordent jamais une pensée aux répercussions matérielles de leur recherche, car celle-ci n'est pas pour eux une question de politique, mais un élément tissé avec la trame même de leur existence.

Lorsque nous aurons compris la suprême importance de cette règle, nous découvrirons que le mal qu'elle a pour objet de combattre ne se fait pas sentir seulement sur les classes sociales opprimées. Le mal, ne fût-il d'abord pas plus gros qu'un grain de moutarde, prendra vite des proportions gigantesques et finira par détruire tout ce qu'il attaque. Aussi ce mal particulier s'est-il maintenant étendu à tous les chapitres de la vie. Les ablutions interminables, la préparation spéciale des aliments que nécessitent de fausses conceptions d'intouchabilité, sont telles que nous avons à peine assez de temps pour nous occuper de nous-même. Alors que nous faisons semblant de prier Dieu, ce n'est pas à Dieu mais à nous-même que nous rendons un culte.

Pour observer cette règle, il ne suffit donc pas de se lier d'amitié avec des intouchables, il faut aimer comme soi-même tout ce qui vit. Éliminer l'intouchabilité, c'est aimer le monde entier et le servir, ce qui se confond donc avec l'*ahimsâ*. Éliminer l'intouchabilité, c'est abattre les barrières qui séparent l'homme de l'homme, abattre les barrières qui séparent l'une de l'autre les différentes espèces de l'Etre. Nous voyons de telles barrières dressées partout dans le monde, mais ici nous nous sommes surtout occupés de l'intouchabilité qui a été acceptée dans l'Inde au nom de la religion et qui réduit des milliers et des millions d'êtres humains à un état voisin de l'esclavage [1].

(1) Voir aussi page 159.

IX

Gagner son pain

La loi d'après laquelle l'homme doit travailler pour vivre m'apparut pour la première fois après avoir lu les pages de Tolstoy sur le travail pour le pain (1). Mais dès avant cela, j'avais commencé à reconnaître cette loi après avoir lu « Unto this Last », de Ruskin (2). Cette loi divine, selon laquelle l'homme doit gagner son pain par le travail de ses mains, fut soulignée tout d'abord par un écrivain russe appelé T. M. Bondaref (3). Tolstoy la répandit et lui donna une plus grande publicité. A mon avis, on trouve le même principe exposé dans le troisième chapitre de la *Gîtâ*, où

(1) Tolstoy, *Œuvres complètes*, vol. 26, p. 386-457, traduction J. W. Bienstock, Paris, Stock, 1903.

(2) Ruskin, *Jusqu'à la fin*, traduction E. Peltier. Paris. Beauchesne, 1902.

(3) Gandhi semble ne l'avoir connu que par Tolstoy.

l'on nous dit que celui qui mange sans offrir un sacrifice mange de la nourriture volée. Sacrifice ne peut signifier ici que gagner son pain.

La raison nous conduit elle aussi à une conclusion identique. Comment un homme qui ne fait pas de travail corporel peut-il avoir le droit de manger? « Tu mangeras ton pain à la sueur de ton front », dit la Bible. Un millionnaire ne durera pas longtemps et il se fatiguera vite de la vie s'il se prélasse dans son lit toute la journée et s'il se fait nourrir. Aussi cherche-t-il de l'appétit en prenant de l'exercice et arrive-t-il ainsi à manger. Si chacun, riche ou pauvre, doit ainsi prendre de l'exercice de quelque sorte, pourquoi cet exercice ne serait-il pas productif, pourquoi ne consisterait-il pas, par exemple, à gagner son pain? Personne ne demande au cultivateur de faire des mouvements respiratoires ou d'exercer ses muscles. Et plus des neuf dixièmes de l'humanité vivent d'agriculture! Comme le monde serait plus heureux, plus sain et plus pacifique si le dernier dixième suivait l'exemple de cette écrasante majorité, au moins suffisamment pour gagner par son travail de quoi se nourrir. Beaucoup de privations associées à la vie agricole disparaîtraient facilement si ces gens-là s'en mêlaient. Les odieuses distinctions de classes s'effaceraient si chacun sans exception reconnaissait l'obligation de gagner son pain par son travail. Cette obligation incombe à tous les *varnas* [1]. Il existe un conflit mondial entre le capital et le travail, et les pauvres envient les riches. Si chacun travaillait pour gagner son pain, les distinctions de classes seraient abolies ; les riches seraient toujours là, mais ils se considéreraient seulement comme les gérants de leur fortune, qu'ils emploieraient surtout dans l'intérêt général.

(1) « Chacun de nous a des occupations qui lui sont propres. Ces occupations ne sont pas des castes ; elles sont ce que l'hindouisme désigne sous le nom de *varna. Varna* n'a rien de commun avec la caste telle que nous la connaissons aujourd'hui. Les castes sont une institution humaine, tout juste bonne à être détruite, mais *varna* est une loi divine. Nous pouvons la négliger et subir les conséquences de cette attitude, mais si nous l'observons nous en tirerons profit. Un menuisier, un forgeron, un maçon, un balayeur, un professeur, un soldat, ont chacun des occupations différentes, mais aucun d'eux n'est supérieur ou inférieur aux autres. Si nous commençons à empiéter les uns sur les autres, nous créons une confusion (*sankar*) de toutes les *varnas.* C'est pourquoi, dès que vous enlevez à la loi de *varna* les cuisants sentiments d'infériorité qu'on y a mis, non seulement elle agit comme loi, mais encore elle nous fournit une occasion de faire ce pour quoi nous avons le plus d'aptitudes. » (Discours fait par Gandhi à Travancore et rapporté dans *The Epic of Travancore*, de Mahadev Desai, Ahmedabad, 1937).

Travailler pour gagner son pain est une véritable bénédiction pour celui qui veut observer la non-violence, adorer la Vérité, et faire que la pratique de *brahmâchârya* lui devienne naturelle. Ce genre de travail doit véritablement se rapporter à l'agriculture, mais, pour le moment du moins, tout le monde n'est pas en mesure de l'exercer. Aussi peut-on s'occuper de filage, de tissage, de travaux de menuiserie ou de forge, au lieu de cultiver la terre, mais il faut toujours considérer l'agriculture comme l'idéal.

Chacun doit faire disparaître ses propres détritus. L'évacuation est une fonction aussi nécessaire que l'alimentation, et la meilleure solution serait que chacun fît disparaître lui-même ses propres déchets. Si c'est impossible, chaque famille devrait assurer pour elle-même ce genre de nettoyage. Je sens depuis des années qu'il doit y avoir quelque chose de fondamentalement faux à ce que, dans une société, une classe distincte soit chargée de la vidange. L'histoire ne nous dit pas qui a le premier attribué le rang le plus bas à ce service sanitaire essentiel. En tout cas, cet homme ne nous a certainement pas fait de bien. Il faudrait nous enfoncer dans la tête, dès notre enfance, que nous sommes tous des nettoyeurs, et la façon la plus facile d'y arriver, pour celui qui en a compris la nécessité, c'est de commencer à gagner son pain comme balayeur. Le nettoiement, si on l'aborde ainsi de façon intelligente, nous permettra d'apprécier plus facilement, à sa juste valeur, l'égalité des hommes (1).

(1) Voir aussi page 162.

X

Tolérance, ou égalité des religions

Je n'aime pas le mot tolérance, mais je n'en trouve pas de meilleur. La tolérance peut impliquer la supposition, toute gratuite d'ailleurs, que la foi d'un autre est inférieure à la nôtre, tandis que l'*ahimsâ* nous enseigne à conserver, pour la foi religieuse d'autrui, le même respect que nous accordons à la nôtre — dont nous reconnaissons ainsi l'imperfection. Cette admission sera facile pour celui qui cherche la Vérité, pour celui qui obéit à la loi de l'Amour. Si nous étions parvenus à la pleine vision de la Vérité, nous ne serions plus des chercheurs, nous serions devenus un avec Dieu, car la Vérité est Dieu. Mais puisque nous n'en sommes encore qu'à chercher, nous poursuivons notre recherche et nous sommes conscient de notre imperfection. Or si nous sommes nous-même imparfait, la religion telle que nous la concevons doit être imparfaite aussi. Nous n'avons pas réalisé la religion dans sa perfection, de même que nous n'avons pas réalisé Dieu. Puisque la religion telle que nous la concevons est imparfaite, elle est toujours susceptible d'évolution et de réinterprétation. Le progrès vers la Vérité, vers Dieu, n'est possible qu'en raison de cette évolution. Et si toutes les conceptions religieuses que se représentent les hommes sont imparfaites, il ne peut être question de supériorité ou d'infériorité de l'une par rapport à l'autre. Toutes les fois constituent des révélations de la Vérité, mais toutes sont imparfaites et faillibles. Le respect que nous éprouvons pour d'autres fois ne doit pas nous empêcher d'en voir les défauts. Nous devons aussi être intensément conscient des défauts de notre propre foi, et pourtant ne pas l'abandonner pour cette raison, mais essayer de triompher de ces défauts. Si nous considérions sans partialité toutes les religions, non seulement nous n'hésiterions pas à mêler à la nôtre tous les caractères désirables des autres, mais encore nous estimerions que c'est pour nous un devoir.

Alors la question se pose : pourquoi tant

de fois différentes? L'Ame est une, mais les corps qu'Elle anime sont nombreux. Nous ne pouvons pas réduire le nombre des corps, et pourtant nous reconnaissons l'unité de l'Ame. De même qu'un arbre n'a qu'un seul tronc, mais beaucoup de branches et de feuilles, de même il n'existe qu'une seule Religion vraie et parfaite, mais elle devient multiple en passant par l'intermédiaire de l'homme. La Religion unique est au-delà du domaine du langage. Des hommes imparfaits ne peuvent l'exprimer que dans le langage dont ils disposent, et leurs paroles sont interprétées par d'autres hommes également imparfaits. Quelle est l'interprétation qu'on doit accepter comme la vraie? Chacun a raison de son propre point de vue, mais il n'est pas impossible que tout le monde ait tort. D'où la nécessité de la tolérance, qui n'est pas de l'indifférence pour sa propre foi, mais un amour plus pur et plus intelligent pour cette foi. La tolérance nous donne un pouvoir de pénétration spirituelle qui est aussi éloigné du fanatisme que le pôle Nord du pôle Sud. La véritable connaissance de la religion fait tomber les barrières entre une foi et l'autre. En cultivant en nous-même la tolérance pour d'autres conceptions, nous acquerrons de la nôtre une compréhension plus vraie.

Il est clair que la tolérance n'affecte pas la distinction entre le bien et le mal, entre ce qui est juste et ce qui est faux. Et je n'ai voulu parler ici que des principales conceptions religieuses du monde. Toutes reposent sur des bases communes. Toutes ont produit de grands saints.

XI

Tolérance, ou égalité des religions (suite et fin)

Je voudrais vous parler encore un peu de la tolérance. Peut-être me comprendrez-vous mieux si je vous raconte quelques-unes des expériences que j'ai eues. A Phœnix (1), nous faisions nos prières quotidiennes comme à Sabarmati (2), et des musulmans comme des chrétiens y venaient avec les hindous. Feu Sheth Rustomji (3) et ses enfants y venaient aussi. Rustomji Sheth aimait beaucoup le cantique gujarati : « *Mane vhalun* », « cher, deux fois cher m'est le nom de *Râma* ».

(1) Settlement fondé par Gandhi en Afrique du Sud en 1904.

(2) Le village où se trouvait le *Satyagrahâshram*, auquel ces lettres sont adressées. Il est près d'Ahmedabad.

(3) Commerçant parsi qui habitait l'Afrique du Sud et y devint un fervent admirateur de Gandhi. Il prit une part active au mouvement *satyagraha* en Afrique du Sud.

Si ma mémoire ne me trompe pas, un jour que Maganlal (1) ou Kashi (2) dirigeait ce cantique, que nous chantions tous, Rustomji Sheth s'écria joyeusement : « Mettez le nom d'Ormuzd (3) au lieu de celui de *Râma!* » Il fut aussitôt accédé à son désir. A partir de ce jour, quand le *sheth* était présent, et parfois même quand il n'était pas là, on remplaçait le nom de Râma par celui d'Ormuzd. Feu Husain, le fils de Daud Sheth (4) faisait de fréquents séjours au Phœnix Ashram, et se joignait avec enthousiasme à nos prières. Accompagné par l'harmonium, il chantait d'une voix très douce le chant « *Hai bahare bagh* » (le jardin de ce monde ne fleurit que pour un temps). Il nous l'enseigna et nous le chantions aussi dans nos prières. Nous l'avons fait entrer

(1) Maganlal Gandhi, neveu de Gandhi. L'accompagna en Afrique du Sud, et fut plus tard l'administrateur du Sabarmati Ashram, sous la direction de Gandhi. Il mourut en 1904. C'est en souvenir de lui que fut appelée Maganvari l'installation actuelle de Gandhi à Wardha.

(2) Mme Chaganlal Gandhi, la femme d'un autre neveu de Gandhi.

(3) Ormuzd est le nom que les parsis donnent au principe divin.

(4) Commerçant gujarate appartenant à la secte des *khojas*, dont le chef est l'Aga Khan.

dans notre *Bhajanâvali* (1) en hommage à la mémoire de Husain, qui aimait la Vérité. Je n'ai jamais vu un jeune homme pratiquer la Vérité avec plus de consécration que Husain. Joseph Royeppen (2) venait souvent à Phœnix. C'était un chrétien et son cantique favori était « *Vaishnava jana* » (celui qui secourt son prochain dans l'affliction est un *vaishnava* (3), un serviteur du Seigneur). Il aimait beaucoup la musique, et un jour qu'il chantait ce cantique, il y remplaça le mot « *vaishnava* » par « chrétien ». Les autres acceptèrent aussitôt cette nouvelle version, et je vis que le cœur de Joseph en était rempli de joie.

En feuilletant pour mon propre plaisir les livres sacrés des différentes religions, j'acquis du christianisme, de l'islamisme, du zoroastrisme, du judaïsme et de l'hindouisme une connaissance suffisante pour ce que je voulais en faire. Je peux dire qu'en lisant ces textes, je n'avais absolument aucune partialité, bien qu'à l'époque je n'en fusse peut-être pas conscient. Quand

(1) Livre de cantiques utilisé au Salyagraha Ashram.

(2) Chrétien de Madras qui se trouvait en Afrique du Sud avec Gandhi.

(3) Vishnouïte.

je me remémore cette époque, je vois que je n'étais pas animé du moindre désir de critiquer aucune de ces religions parce qu'elle n'était pas la mienne, mais que je lisais chaque livre avec respect et que je retrouvais dans chacun d'eux la même moralité fondamentale. Il y a certaines choses que je ne comprenais pas, et que je ne comprends pas encore maintenant, mais l'expérience m'a enseigné que c'est une erreur de croire nécessairement faux ce qu'on ne comprend pas. Certaines choses que je ne comprenais pas alors sont devenues pour moi claires comme le jour. L'impartialité de jugement nous aide à résoudre beaucoup de difficultés, et même lorsque nous critiquons, nous pouvons le faire avec une humilité et une courtoisie qui ne laissent subsister aucune amertume.

Le fait d'accepter la doctrine de l'égalité des religions ne fait pas disparaître la distinction entre religion et irréligion. Nous n'avons pas l'intention d'encourager la tolérance envers l'irréligion. On pourrait soutenir, il est vrai, que, dans certaines conditions, il n'est plus possible de rester impartial, car il incombe alors à chacun de décider pour soi ce qui est religion et ce qui est irréligion. Si nous obéissons à la loi de l'Amour, nous ne ressentirons aucune haine pour notre frère irréligieux. Nous l'aimerons au contraire et par conséquent ou bien nous l'amènerons à voir son erreur, ou bien il nous fera comprendre la nôtre, ou bien chacun tolérera l'opinion différente de l'autre. Si l'autre n'observe pas la loi de l'Amour, il peut se montrer violent envers nous, mais si nous avons pour lui un amour véritable, notre amour finira par triompher de son animosité. Tous les obstacles qui sont sur notre route se dissiperont pourvu que nous observions la règle d'or, que nous n'ayons pas d'impatience envers ceux que nous pourrons croire dans l'erreur, et que nous soyons prêt, en cas de besoin, à souffrir personnellement [1].

(1) Voir aussi page 164.

XII

Humilité

L'humilité ne peut être une règle en soi, car elle ne se prête guère à ce qu'on la pratique volontairement. Elle est néanmoins un caractère indispensable de l'*ahimsâ*. Elle fait partie de la nature même de celui en qui est l'*ahimsâ*.

Un avant-projet des règles et des principes du Satyagraha Ashram fut distribué à quelques amis, parmi lesquels feu Sir Gurudas Banerji. Il émit l'opinion que l'humilité devrait figurer parmi les règles de vie, mais pour la même raison que je viens d'indiquer, il ne fut pas possible d'accepter sa suggestion.

Bien que l'humilité ne soit pas à proprement parler une de nos règles, elle est certainement aussi essentielle, sinon plus, que n'importe laquelle de ces règles. Mais personne ne l'a jamais acquise par la pratique.

On peut cultiver la Vérité, de même que l'Amour, mais cultiver l'humilité revient à cultiver l'hypocrisie. Il ne faut pas ici confondre humilité avec étiquette ou bonnes manières. Tel homme peut se prosterner devant tel autre en ayant le cœur plein d'amertume contre lui. Ce n'est pas de l'humilité, c'est de la ruse. Tel homme peut répéter le nom de Râma ou dire des chapelets toute la journée, et se comporter comme un sage parmi les hommes ; si dans le fond de son cœur il est égoïste, il n'est pas humble, mais hypocrite.

L'humble n'a pas conscience de son humilité. On peut essayer de mesurer la Vérité et d'autres choses semblables, mais non l'humilité. L'humilité innée ne peut jamais rester cachée, et pourtant son possesseur en ignore l'existence. L'histoire de Vasishtha et de Vishvamitra (1) nous fournit un bon exemple. L'humilité devrait faire compren-

(1) Deux grands sages dont l'histoire est racontée dans le *Râmâyana* et dans le *Mârkandeya Purâna*. On leur attribue beaucoup de *mantras* védiques. Vishvamitra était un roi appartenant à la caste des *kshatriyas*. Il tua cent des fils de Vasishtha, mais celui-ci n'en montra ni colère, ni ressentiment. Et cette attitude finit par réformer Vishvamitra qui se prosterna devant le père de ses victimes et acquit ainsi l'humilité. De *rajarshi*, saint « royal », il devint ainsi *brahmarshi*, saint « spirituel ».

dre à celui qui la possède qu'il n'est rien. Dès qu'on s'imagine être quelque chose, il y a égoïsme. Si celui qui observe des règles en éprouve de la fierté, les règles perdront beaucoup de leur valeur, sinon toute. Et l'homme qui est fier de sa vertu devient souvent un fléau pour ses voisins. Ceux-ci n'apprécieront pas sa vertu, et lui-même n'en pourra retirer aucun profit. Un peu de réflexion suffit à nous persuader que toutes les créatures ne sont rien de plus qu'un simple atome dans l'univers. Notre existence comme êtres incarnés est tout à fait éphémère. Qu'est-ce que cent ans dans l'éternité? Mais si nous mettons en miettes les chaînes de l'égoïsme et si nous nous fondons dans l'océan de l'humanité, nous aurons part à sa dignité. Sentir que nous sommes quelque chose, c'est élever une barrière entre Dieu et nous. Cesser de sentir que nous sommes quelque chose, c'est devenir un avec Dieu. Une goutte d'eau dans l'océan a sa part de l'immensité de l'ensemble, bien qu'elle n'en ait pas conscience. Mais elle s'évapore dès qu'elle entre dans une vie indépendante de celle de l'océan. Nous n'exagérons pas lorsque nous disons que la vie sur la terre n'est qu'une bulle.

Une vie consacrée à servir doit être une vie d'humilité. Celui qui veut sacrifier sa vie pour autrui n'a guère le temps de s'assurer une place au soleil. Il ne faut pas confondre inertie et humilité, comme on l'a fait dans l'hindouisme. La véritable humilité exige que l'on consacre entièrement au service de l'humanité l'effort le plus ardu et le plus constant. Dieu est toujours en action, sans un seul instant de repos. Si nous voulons Le servir ou devenir un avec Lui, notre activité doit être aussi infatigable que la Sienne. La goutte d'eau qui s'est séparée de l'océan peut trouver un repos momentané, mais celle qui est dans l'océan ne connaît pas de repos. Il en est de même pour nous. Dès que nous devenons un avec l'océan (Dieu), il n'est plus pour nous de repos, et d'ailleurs nous n'en avons plus besoin. Notre sommeil même est encore de l'action, car nous dormons avec la pensée de Dieu dans notre cœur. C'est cette activité continuelle qui constitue le véritable repos. Cette agitation incessante contient le secret de la paix ineffable. Cet état suprême de total abandon est difficile à décrire, mais il n'est pas hors de l'atteinte de l'homme. Beaucoup d'âmes consacrées y sont parvenues, et nous pouvons l'atteindre aussi. Tel est le but que nous nous sommes assigné au *Satyagraha Ashram* ; toutes nos règles, toute notre activité ont pour but de nous aider à y parvenir. Si nous avons la Vérité en nous, nous y arriverons un jour à notre insu [1].

(1) Voir aussi page 171.

XIII

Importance des vœux

Dans cette série de lettres, j'ai déjà traité rapidement de l'importance des vœux, mais il faut peut-être considérer d'un peu plus près l'influence qu'ils exercent sur une vie pieuse. Il existe une école importante de penseurs qui, tout en admettant qu'il sied d'observer certaines règles, ne reconnaît pas la nécessité des vœux. Ils vont même jusqu'à prétendre que les vœux peuvent être un signe de faiblesse, et pourraient même faire du mal. Ils soutiennent également que si l'on découvre plus tard que la règle adoptée est une difficulté ou un péché, il serait nettement mal de continuer à s'y conformer après qu'on s'en est rendu compte. Ils disent : s'abstenir d'alcool est une excellente chose, mais quel mal peut-il y avoir à en prendre exceptionnellement, par exemple pour des raisons d'ordre médical ? Un vœu d'abstinence totale serait une entrave inutile. Et il en est de même pour les autres questions.

Un vœu correspond à une résolution inébranlable, et nous aide à nous défendre des tentations. La décision n'a aucune valeur si elle cède devant la gêne qu'elle peut causer. L'humanité tout entière a constaté par expérience que sans décision inflexible le progrès n'est pas possible.

On ne peut pas faire vœu de commettre un péché ; dans le cas d'un vœu que l'on estimait d'abord méritoire et que l'on trouve ensuite coupable, il est évidemment nécessaire de renoncer au vœu. Mais personne ne prononce, ou en tout cas ne devrait prononcer de vœu sur les questions douteuses. On ne peut en prononcer que sur des questions de principe universellement admises, et dans ce cas, la possibilité que ce soit un péché est plus ou moins imaginaire. Celui qui se consacre à la Vérité n'a pas le temps de se demander si en disant la Vérité il ne nuira pas à quelqu'un ; il croit en effet que la vérité ne peut jamais faire de mal. Il en est de même de l'abstinence complète de toute boisson alcoolisée. Celui qui a fait vœu d'abstinence peut ou bien faire une exception pour les médicaments ou bien décider de risquer sa vie pour accomplir le vœu qu'il a prononcé. Qu'importe de perdre la vie parce qu'on a fait vœu d'abstinence totale ? On ne peut avoir aucune garantie que l'alcool prolongerait notre vie, et même si tel était le cas, notre vie peut toujours prendre fin l'instant d'après par quelque autre cause. En revanche, l'exemple d'un homme qui renonce à la vie plutôt que d'être infidèle à son vœu a des chances de guérir des ivrognes et peut aussi faire beaucoup de bien dans le monde. Seuls peuvent espérer un jour voir Dieu ceux qui ont noblement décidé de témoigner de la foi qui est en eux, fût-ce au prix de leur vie. Prononcer des vœux n'est pas un signe de faiblesse, mais de force. Faire à tout prix quelque chose qu'on doit faire est un vœu. C'est cela qui rend notre citadelle inexpugnable. Celui qui dit : « J'agirai ainsi dans la mesure du possible » révèle ou bien son orgueil, ou bien sa faiblesse. J'ai observé chez moi-même aussi bien que chez d'autres que la restriction « dans la mesure du possible » fournit une échappatoire fatale. Faire quelque chose « autant que possible », c'est succomber dès la première tentation. Dire qu'on obéira à la Vérité « dans la mesure du possible » ne signifie rien. Aucun homme d'affaires n'escompterait une traite que le tiré s'engage à payer à une certaine date « dans la mesure du possible » ; de même Dieu n'accepte pas les billets signés de celui qui promet d'obéir à la vérité « dans la mesure du possible ».

Dieu est l'image même d'un vœu. Dieu cesserait d'être Dieu s'Il S'écartait de Ses propres lois, ne fût-ce que de l'épaisseur d'un cheveu. Le soleil observe rigoureusement les règles fixées ; c'est ce qui permet de mesurer le temps et de publier des almanachs ! Toute la vie commerciale repose sur la supposition que les gens tiendront leurs promesses. De telles promesses sont-elles moins nécessaires lorsqu'il s'agit de forger son caractère ou de réaliser son véritable MOI ? C'est pourquoi nous ne devrions jamais mettre en doute la nécessité des vœux pour se purifier et pour se réaliser.

XIV

Sacrifice (Yajna)

Nous employons fréquemment le mot *yajna.* Nous avons élevé le filage à la dignité d'un *mahâyajna* (grand sacrifice) quotidien. Il est donc nécessaire de voir tout ce que peut impliquer le terme *yajna.*

Yajna désigne un acte ayant pour but le bien d'autrui, accompli sans l'espoir d'aucune récompense, temporelle ou spirituelle. « Acte » doit être pris ici dans son sens le plus large, il comprend la pensée et la parole aussi bien que l'action proprement dite. Par autrui, il faut entendre non seulement l'humanité, mais tout ce qui vit. Par conséquent, en nous plaçant également au point de vue de l'*ahimsâ*, ce ne sera pas un *yajna* que de sacrifier des animaux inférieurs, même si c'est avec l'intention de servir l'humanité. Peu importe que les sacrifices d'animaux figurent, comme on le dit, dans les Védas. Il nous suffit de savoir que ces sacrifices ne répondent pas aux criteriums fondamentaux de la Vérité et de la Non-Violence. J'admets volontiers que je ne suis pas profondément versé dans l'étude des Védas, mais en cette occurrence mon ignorance ne m'inquiète pas, car même si la pratique des sacrifices d'animaux est un élément certain de la société védique, cela ne crée pas un précédent pour celui qui a fait vœu d'*ahimsâ*.

Un « grand sacrifice » doit aussi être un acte qui favorise le plus le bien-être du plus grand nombre possible dans la région la plus vaste possible et qui peut être accompli par le plus grand nombre possible d'hommes et de femmes avec le moins de difficultés possibles. Ce ne sera donc pas un *yajna*, encore moins un *mahâyajna*, que de souhaiter ou de faire du mal à quelqu'un d'autre, fût-ce même pour obéir à un soi-disant intérêt supérieur. Or la *Gîtâ* nous enseigne — et l'expérience le confirme — que toute action qui ne peut entrer dans la catégorie de *yajna* tend à nous enchaîner.

Le monde ne peut subsister un seul instant sans *yajna* dans ce sens. C'est pourquoi la *Gîtâ*, après avoir, dans son deuxième chapitre, traité de la véritable sagesse, aborde dans le troisième les moyens d'y parvenir, et déclare explicitement que *yajna* est apparu avec la création elle-même. Notre corps nous a donc été donné uniquement afin que nous l'utilisions à servir toute la création. Par conséquent, nous dit la *Gîtâ*, celui qui mange sans offrir *yajna* mange des aliments volés. Pour celui qui veut mener une vie de pureté, tout acte, quel qu'il soit, doit avoir le caractère de *yajna*. Puisque le *yajna* nous accompagne quand nous venons au monde, nous restons débiteur toute notre vie, et nous sommes ainsi toujours tenu de servir l'univers. De même que l'esclave reçoit de son maître de quoi manger, s'habiller, etc., de même nous devrions accepter avec reconnaissance les dons que peut nous faire le Seigneur de l'univers. Ce que nous recevons doit être considéré comme un cadeau, car, en tant que débiteur, nous n'avons droit à aucune rémunération pour les devoirs dont nous nous acquittons. Si nous ne recevons rien, nous ne devons donc pas en blâmer le Maître. Notre corps Lui appartient et Il peut le choyer ou le rejeter à Son gré. Il n'y a pas là de quoi se plaindre ni même de quoi faire pitié ; c'est au contraire un état naturel, et même agréable et désirable, à condition que nous comprenions quelle est notre place dans le système divin. Il est vrai qu'on a besoin d'une foi robuste si l'on veut éprouver la béatitude suprême. Il semble que toutes les religions nous enjoignent de ne nous faire aucun souci pour nous-même et de laisser tout le souci à Dieu.

Nul n'a besoin de s'en effrayer. Celui qui, avec la conscience claire, se consacre au service, en comprendra davantage chaque jour la nécessité, verra sa foi s'enrichir continuellement. Celui qui n'est pas disposé à renoncer à son intérêt personnel et à reconnaître les conditions de sa naissance ne pourra guère suivre le sentier du service. Consciemment ou non, chacun de nous rend en fait quelque service. Si nous cultivons l'habitude de rendre ce service intentionnellement, notre désir de servir s'accroîtra sans cesse et contribuera non seulement à notre propre bonheur, mais aussi au bonheur du monde en général.

XV

Encore Yajna

La semaine dernière je vous ai parlé de *yajna*, mais j'ai envie de vous en parler encore. Il n'est peut-être pas superflu d'examiner de plus près un principe qui fut créé en même temps que l'humanité. *Yajna* est un devoir à accomplir, ou un service à rendre, pendant vingt-quatre heures par jour, et par conséquent une maxime telle que : « Les *vibhûtis* (1) de l'homme de bien lui ont été données pour le bien d'autrui » ne convient pas, si faire « du bien à autrui » est entaché d'un sentiment de supériorité. Servir sans désir, c'est favoriser non pas autrui, mais nous-même, tout comme en nous acquittant d'une dette nous ne servons que nous-même, en allégeant notre fardeau et en ac-

(1) Don ou talent exceptionnel. Également prospérité et splendeur.

complissant notre devoir. Ce ne sont pas seulement les bons parmi nous, mais nous tous qui sommes tenus de mettre nos ressources à la disposition de l'humanité. Et si telle est la loi — ce qui est évidemment le cas — la recherche des satisfactions égoïstes cesse de compter dans notre vie pour faire place à la renonciation. C'est le devoir de la renonciation qui différencie l'humanité de la brute.

D'aucuns protesteront et diront que la vie ainsi comprise devient terne, ne comprend plus d'art et ne laisse plus de place pour le chef de famille. Mais la renonciation ne signifie pas qu'on doive abandonner le monde et se retirer dans une forêt. L'esprit de renonciation doit régner sur toute notre activité dans la vie. Le chef de famille ne cessera pas d'en être un parce qu'il considérera la vie comme un devoir plutôt qu'un moyen de satisfaire ses propres désirs. Un marchand qui travaille avec l'esprit de sacrifice peut voir des centaines de millions passer entre ses mains, mais s'il obéit à la règle, il emploiera ses aptitudes pour servir. Ainsi, il ne sera pas malhonnête, il ne spéculera pas, il mènera une vie simple, il ne fera pas de mal à un être vivant, et il perdra des millions plutôt que de porter tort à quelqu'un. Que personne ne se dise que ce genre de commerçant existe uniquement dans mon imagination! Heureusement pour le monde, il en existe en Occident aussi bien qu'en Orient. Il est vrai qu'on les compte sur les doigts, mais dès qu'on peut trouver un spécimen vivant, le type n'est plus imaginaire. Nous connaissons tous à Wadhwan un tailleur philanthrope [1]. Je connais aussi un coiffeur de cette espèce. Nous connaissons tous aussi un tisserand. Et si nous approfondissons la question, nous rencontrerons dans toutes les activités humaines des gens qui mènent des vies de consécration. Sans doute ces sacrificateurs gagnent-ils leur vie par leur travail. Mais ce n'est pas là leur objectif, ce n'est qu'un sous-produit de leur métier. Motilal était un tailleur et il continua d'exercer ce métier. Mais son esprit fut transformé, et son travail se mua en adoration. Il commença de se préoccuper du bien-être d'autrui, et sa vie devint artistique au véritable sens du mot. Une vie de

(1) C'est le Motilal dont il est question quelques lignes plus loin. Sa philanthropie était particulièrement appréciée par Gandhi et ses disciples.

sacrifice est le sommet suprême de l'art, elle est pleine de véritable joie. *Yajna* n'est pas *yajna* si on le trouve encombrant ou ennuyeux. Les satisfactions égoïstes conduisent à la destruction, la renonciation conduit à l'immortalité. La joie n'a pas d'existence indépendante. Elle dépend de notre attitude envers la vie. Tel homme prendra plaisir aux décors de théâtre et tel autre aux tableaux toujours nouveaux qui se déroulent dans le ciel. La joie dépend donc de l'éducation individuelle et nationale. Nous aurons envie de ce qu'on nous a appris à aimer lorsque nous étions enfants ; il est facile de citer des exemples de goûts nationaux différents.

Beaucoup de sacrificateurs s'imaginent aussi qu'ils sont libres de recevoir des gens tout ce dont ils ont besoin, et beaucoup d'autres choses dont ils n'ont pas besoin, parce qu'ils rendent de grands services. Dès que cette idée s'empare d'un homme, il cesse d'être un serviteur et devient un tyran pour le peuple.

Celui qui veut servir ne gaspillera pas une seule pensée pour son confort personnel ; il laissera son Maître Suprême s'en occuper ou le négliger. Il ne s'encombrera donc pas de tout ce qui lui tombe entre les mains ; il ne prendra que ce dont il a strictement besoin et il laissera le reste. Il sera calme, exempt de colère, et son esprit ne se laissera pas troubler par des désagréments. Pour lui, servir — comme la vertu — est sa propre récompense, et il s'en contente.

Il ne faudra pas non plus oser négliger son service, ni le faire avec retard. Celui qui croit devoir faire montre de diligence dans ses affaires personnelles et s'occuper n'importe quand et n'importe comment du service public non rémunéré, doit encore apprendre les premiers éléments de la science du sacrifice. Pour servir autrui volontairement, il faut donner tout ce dont on est capable et ne faire passer qu'ensuite le service de soi-même. En réalité, le véritable adepte se consacre sans aucune restriction au service de l'humanité [1].

(1) Voir aussi page 175.

XVI

Svadeshi

Svadeshi est la loi des lois que nous enjoint l'époque actuelle. Comme les lois de la Nature, les lois spirituelles n'ont pas besoin d'être promulguées, elles agissent d'elles-mêmes, mais, soit par ignorance, soit pour d'autres raisons, l'homme les néglige ou les enfreint souvent. C'est alors que les vœux sont nécessaires pour assurer notre route. Celui qui est végétarien par tempérament n'a pas besoin de vœu pour devenir un végétarien plus strict, car la seule vue d'aliments d'origine animale, au lieu de le tenter, ne lui inspirera que du dégoût. La loi de *svadeshi* est invétérée dans la nature fondamentale de l'homme, mais elle est aujourd'hui tombée dans l'oubli. D'où la nécessité du vœu de *svadeshi*. Dans son sens spirituel et ultime, *svadeshi* correspond à la libération finale de l'âme hors de sa servitude terrestre.

Ce tabernacle d'argile n'est pas la demeure permanente ou naturelle de l'âme ; il la gêne dans son voyage vers l'avant, il l'empêche de réaliser son unité avec toute vie. Par conséquent un adepte du *svadeshi*, en s'efforçant de s'identifier avec la création entière, cherche à s'émanciper de la servitude de son corps physique.

Si cette interprétation du *svadeshi* est correcte, il s'ensuit que son adepte aura pour premier devoir de se consacrer au service de ses voisins les plus proches. Cela entraîne l'exclusion ou même le sacrifice des intérêts du reste, mais cette exclusion ou ce sacrifice n'est qu'apparent. Par sa nature même, le service pur du prochain ne peut jamais avoir pour résultat de desservir ceux qui sont loin, bien au contraire. « Il en est pour l'univers comme pour l'individu » est un principe infaillible que nous ferions bien de prendre à cœur. D'autre part celui qui se laisse égarer par le « paysage lointain » et qui va jusqu'au bout de la terre pour servir, non seulement voit son ambition déçue, mais encore manque à son devoir envers son voisin. Prenez un exemple concret. Dans la localité particulière que j'habite, j'ai des voisins, des parents, des gens qui dépendent de moi. Tous naturellement croient, avec raison d'ailleurs, avoir des droits sur moi ; ils attendent de moi aide et assistance. Supposez maintenant que je les abandonne brusquement pour aller servir des gens dans des pays lointains. Ma décision désorganiserait ce petit groupe de voisins et de dépendants, et mon expédition chevaleresque toute gratuite aurait probablement pour effet de jeter le trouble dans le nouveau théâtre de mon activité. Les premiers résultats de ma violation des principes de *svadeshi* seraient donc une coupable négligence envers mes voisins immédiats et un mauvais service rendu sans le vouloir aux gens que je désirais servir.

On trouverait facilement de nombreux cas analogues. C'est pourquoi la *Gîtâ* nous dit : « Il vaut mieux mourir en accomplissant son propre devoir ou *svadharma* ; le *parâdharma* ou devoir d'autrui est rempli de danger. » Si on applique cette règle au milieu physique dans lequel on se trouve, on pratique la loi de *svadeshi*. Ce que nous dit la *Gîtâ* au sujet du *svadharma* s'applique aussi au *svadeshi*, car le *svadeshi* n'est autre chose que le *svadharma* appliqué à l'entourage immédiat.

C'est uniquement lorsque la doctrine du

svadeshi est mal comprise qu'il peut en découler de mauvais résultats. Ce serait par exemple travestir cette doctrine si je me mettais à prendre de l'argent par tous les moyens, honnêtes ou non, pour pouvoir choyer ma famille. La loi de *svadeshi* exige simplement que je m'acquitte de mes obligations légitimes envers ma famille par des moyens équitables, et c'est en m'efforçant d'agir ainsi que je découvrirai le code universel de conduite. La pratique de *svadeshi* ne peut jamais faire de mal à quiconque ; si elle en fait, ce n'est pas *svadharma*, mais l'égoïsme qui me pousse.

Il peut se trouver des cas où un adepte du *svadeshi* soit appelé à sacrifier sa famille sur l'autel du service universel. Cet acte d'immolation librement consenti constitue alors le service suprême qu'on puisse rendre à la famille. « Celui qui veut sauver sa vie la perdra, et celui qui perd sa vie pour le Seigneur la trouvera. » Cette vérité s'applique aussi bien au groupe de la famille qu'à l'individu. Prenez un autre cas. Supposez qu'éclate dans mon village une épidémie de peste et qu'en essayant de servir les victimes de cette épidémie, mes enfants, ma femme, moi, et tout le reste de ma famille perdions la vie. En poussant ceux qui me sont les plus proches et les plus chers à se joindre à moi, je n'aurai pas été le destructeur de ma famille, mais au contraire son plus fidèle ami. *Svadeshi* ne fait aucune place à l'égoïsme : s'il en contient, c'est un égoïsme du type le plus élevé, qui ne diffère pas de l'altruisme le plus noble. Dans sa forme la plus pure, *svadeshi* est le sommet du service universel.

C'est en suivant ce genre de raisonnement que j'ai découvert dans le *khaddar* (1) le corollaire nécessaire le plus important du principe de *svadeshi* appliqué à la société. « Quel est le genre de service, me suis-je demandé, dont les centaines de millions d'hommes qui peuplent l'Inde ont le plus grand besoin à l'époque actuelle, celui qui peut être facilement compris et apprécié de tous, qui est facile à exécuter et qui aidera en même temps à vivre les multitudes de mes compatriotes affamés ? » La réponse fut que seul l'emploi universel du *khaddar* et du rouet pourrait remplir ces conditions.

Que personne n'aille penser que la pratique de *svadeshi* par le *khaddar* porterait préjudice aux propriétaires indiens ou étrangers

(1) Le khaddar est un tissu filé et tissé à la main.

de grandes filatures. Quand un voleur est guéri de son vice, ou quand on lui fait restituer ce qu'il a volé, cela ne lui porte pas préjudice. Il y gagne au contraire, consciemment dans un cas et inconsciemment dans l'autre. De même si tous ceux qui dans le monde s'adonnent à l'opium ou à l'alcool se libéraient de leur vice, on ne pourrait pas dire que les cafetiers ou les marchands d'opium y perdraient parce que leur clientèle disparaîtrait. Ils y gagneraient au sens le plus vrai du mot. Supprimer les gages du péché n'est jamais une perte, ni pour l'intéressé, ni pour la société ; c'est du bénéfice pur.

Ce serait la plus grossière erreur de croire qu'on a accompli tout son devoir de *svadeshi* lorsqu'on a filé n'importe comment une certaine quantité de fil et qu'on porte le *khaddar* qui en a été fait. Le *khaddar* est le premier pas indispensable dans l'accomplissement du *svadeshi dharma* envers la société. Mais on rencontre souvent des gens qui portent du *khaddar* et qui, en toute autre chose, laissent d'autant plus libre cours à leur goût pour ce que fabrique l'étranger. On ne peut pas dire que ces gens pratiquent le *svadeshi* ; ils ne font que suivre la mode. Un adepte du *svadeshi* étudiera son milieu avec soin et s'efforcera d'aider ses voisins chaque fois que c'est possible en donnant la préférence aux produits locaux, même s'ils sont de qualité inférieure ou s'ils reviennent plus cher que les produits fabriqués ailleurs. Il essaiera de porter remède à leurs défauts, mais il ne les abandonnera pas pour des produits étrangers à cause de ces défauts.

Comme tout ce qui est bien, même *svadeshi* peut être porté à l'extrême et devenir un fétiche. C'est un danger contre lequel il faut se prémunir. Refuser les marchandises étrangères uniquement parce qu'elles sont étrangères et continuer de gaspiller le temps et l'argent de son pays à y développer des fabrications pour lesquelles ce pays ne convient pas serait folie criminelle et irait à l'encontre de l'esprit de *svadeshi*. Le véritable adepte du *svadeshi* n'entretiendra jamais d'animosité contre l'étranger, il ne se laissera pas pousser par un sentiment d'hostilité contre qui que ce soit. Le svadeshisme n'est pas un culte de haine. C'est une doctrine de service désintéressé, qui plonge ses racines dans le plus pur *ahimsâ*, c'est-à-dire dans l'amour [1].

(1) Voir aussi page 177.

Extraits d'autres œuvres

I

Vérité (*Satya*) (1)

Qu'est-ce que la Vérité ? C'est une question difficile. Je l'ai résolue pour moi-même en disant que c'est ce que nous dit la voix intérieure. Mais alors, me demanderez-vous, comment se fait-il que différentes personnes conçoivent des vérités différentes et contradictoires ? Puisque l'esprit humain travaille par des moyens innombrables et qu'il n'évolue pas de la même manière pour chacun de nous, il s'ensuit que ce qui peut être vérité pour l'un, peut être erreur pour l'autre. Ceux qui ont fait des expériences sont tous arrivés à la conclusion qu'elles nécessitent certaines conditions. Pour pouvoir faire des expériences scientifiques, il est indispensable d'acquérir d'abord certaines connaissances

(1) Voir aussi page 29.

scientifiques ; de même une discipline préliminaire rigoureuse est nécessaire pour nous permettre de faire des expériences dans le domaine spirituel. Chacun devrait donc, avant de parler de sa voix intérieure, se rendre compte de ses propres imperfections. Nous avons par conséquent la conviction, reposant sur l'expérience, que ceux qui veulent chercher individuellement la Vérité comme Dieu doivent prendre plusieurs vœux, comme par exemple le vœu de vérité, le vœu de *brahmâchârya* ou pureté (car vous ne pouvez jamais partager avec quoi que ce soit d'autre votre amour pour la Vérité et pour Dieu), le vœu de non-violence, le vœu de pauvreté et de non-possession. A moins que vous ne vous imposiez à vous-même ces vœux, vous ne pouvez pas entreprendre l'expérience. Plusieurs autres conditions encore sont nécessaires, mais je ne veux pas vous les énumérer toutes ici (1).

Satyagraha n'est pas autre chose que *tapas* (2) pour la vérité (3).

(1) *Young India*, 31 décembre 1931.
(2) Voir note 1, p. 32.
(3) *Young India*, 14 août 1924.

*
* *

La vérité est dure comme le diamant et fragile comme la fleur de pêcher (1).

*
* *

L'erreur ne devient pas vérité parce qu'elle se propage et se multiplie ; la vérité ne devient pas erreur parce que nul ne la voit (2).

*
* *

La vraie moralité ne consiste pas à suivre les chemins battus, mais à trouver la voie véritable pour nous-même et à la suivre avec intrépidité. Tout véritable progrès est impossible sans une telle poursuite acharnée de la vérité (3).

(1) *The Story of my Experiments with Truth*, I, 346, *op. cit.*
(2) *Young India*, 26 février 1925.
(3) Ganesh, p. 79.

*
* *

Que nous devions obéir à toutes les lois, qu'elles soient bonnes ou mauvaises, est une invention récente [1].

*
* *

Pour des êtres humains qui veulent mener une belle vie morale, une loi doit avant tout être une loi *juste*. La politique moderne fait de la loi un fétiche simplement parce que c'est la loi [2].

*
* *

Dans mon enfance, on m'a enseigné à répéter ce que les Écritures hindoues appellent les mille noms de Dieu. Mais cette liste n'est nullement limitative. Nous croyons — et à mon avis c'est vrai — que Dieu a

(1) Ganesh, p. 24.
(2) Ganesh, p. 66.

autant de noms qu'il existe de créatures, aussi disons-nous que Dieu est sans nom. Puisque Dieu a beaucoup de formes, nous Le considérons aussi comme sans forme, et puisqu'Il nous parle par beaucoup de voix, nous Le considérons comme sans voix, etc.

Quand je me mis à étudier l'Islam, je vis qu'il y existait aussi beaucoup de noms pour Dieu. Alors avec ceux pour qui Dieu est tout amour, je disais : « Dieu est amour », mais au fond de mon cœur je disais : « Si Dieu est amour, Dieu est Vérité par-dessus tout... » Il y a deux ans cependant, j'ai fait un pas de plus et j'ai dit : « La Vérité est Dieu (1). » Vous saisissez la nuance entre les deux propositions : Dieu est Vérité, et la Vérité est Dieu. Je suis arrivé à cette conclusion après une recherche continue et incessante de la Vérité, commencée il y a près de cinquante ans.

Je découvris alors que c'est par l'amour qu'on peut arriver le plus près de la Vérité. Mais je découvris aussi que le terme « amour » a beaucoup de significations différentes, en anglais tout au moins, et que l'amour humain, au sens de passion, peut aussi être

(1) Cf. Vivekânanda, *Entretiens Inspirés*, p. 121.

avilissant. Je découvris aussi que l'amour au sens d'*ahimsâ*, n'a dans le monde qu'un petit nombre d'adeptes. En revanche, je n'ai jamais trouvé de double sens pour la Vérité. Les athées eux-mêmes n'hésitent pas à reconnaître la nécessité ou la puissance de la Vérité, mais dans leur passion pour elle, ils ont été jusqu'à nier l'existence même de Dieu, et, de leur point de vue, avec raison. C'est ce mode de raisonnement qui me fit comprendre que je devrais dire : la Vérité est Dieu, plutôt que Dieu est Vérité...

Ajoutez à cela cette difficulté que des millions d'hommes se sont emparés du nom de Dieu et ont commis en l'invoquant d'indescriptibles atrocités. (Non pas que les savants ne commettent pas souvent des cruautés au nom de la Vérité!...) Il y a autre chose encore, c'est que dans la philosophie hindoue, Dieu seul *est*, rien d'autre n'existe. Vous retrouvez d'ailleurs la même vérité soulignée et développée dans la *Kalema* des mahométans ; il y est dit clairement que seul Dieu est, et que rien d'autre n'existe. En fait le terme sanskrit qui désigne la Vérité a pour sens littéral « ce qui existe », *sat*. Pour ces différentes raisons, et pour d'autres encore que je pourrais vous donner, je suis arrivé à la conclusion que la définition « la Vérité est Dieu » est celle qui me satisfait complètement. Pour trouver la Vérité en tant que Dieu, la voie inévitable est l'Amour, c'est-à-dire la Non-Violence. Or puisque je crois que finalement le but et les moyens sont des termes interchangeables, je n'hésite pas à dire que Dieu est Amour ([1]).

*
* *

Dharma, c'est-à-dire la religion au sens le plus élevé de ce terme, englobe l'hindouisme, l'islamisme, le christianisme, etc., mais leur est supérieur à tous. Vous pouvez le distinguer en l'appelant Vérité, mais ce n'est pas celle des expédients sincères, c'est la Vérité vivante qui imprègne tout, qui survivra à toutes les destructions et à toutes les transformations ([2]).

*
* *

Par sa nature même, la vérité porte l'évi-

(1) *Young India*, 31 décembre 1931.
(2) *Harijan*, 2 janvier 1937.

dence en soi. Dès qu'on la débarrasse des toiles d'araignée de l'ignorance, elle brille avec éclat (1).

*
* *

La vérité abstraite est sans valeur, si elle n'est pas incarnée par des hommes qui la représentent en prouvant qu'ils sont prêts à mourir pour elle (2).

*
* *

Dans le *satyagraha*, nous comptons gagner nos ennemis par notre souffrance, c'est-à-dire par l'amour (3).

*
* *

Mon exigence pour la vérité m'a elle-même enseigné la beauté du compromis (4).

(1) *Youn Indiag*, 27 mai 1926.
(2) *Young India*, 22 décembre 1921.
(3) Ganesh, p. 28.
(4) *The Story of my Experiments with Truth*, I, 346.

*
* *

Tout compromis repose sur des concessions mutuelles, mais il ne saurait y avoir de concessions mutuelles lorsqu'il s'agit de principes fondamentaux (1).

*
* *

La voie du *satyagrahin* est semée d'obstacles insurmontables. Mais dans le véritable *satyagraha* il n'y a ni déception, ni défaite. Puisque la Vérité est toute-puissante, le *satyagraha* ne peut jamais être vaincu (2).

*
* *

Le caractère doit avoir pour base l'action vertueuse, et celle-ci repose sur la Vérité. La Vérité est donc la source et le fondement de tout ce qui est bon et grand. Par conséquent la poursuite intrépide et sans hésitation de l'idéal de Vérité et de Justice est la clé de la santé comme de tout le reste (3).

(1) *Harijan*, 30 mars 1940.
(2) Ganesh, p. 21.
(3) Ganesh, p. 89.

II

Amour (Ahimsâ) [1]

La non-violence est mon premier article de foi. C'est aussi le dernier article de mon credo [2].

*
* *

La non-violence est la loi de notre espèce tout comme la violence est la loi de l'animal. L'esprit dans l'animal est à l'état latent, et l'animal ne connaît pas d'autre loi que celle de la force physique. La dignité de l'homme exige qu'il obéisse à une loi plus haute, à la force de l'esprit [3].

(1) Voir aussi page 35.
(2) Ganesh, p. 19.
(3) Ganesh, p. 10.

*
* *

Ahimsâ, ce n'est pas uniquement ne pas tuer. *Himsâ*, c'est causer de la souffrance ou détruire une vie, soit par colère, soit sous l'empire de l'égoïsme, soit avec le désir de faire du mal. S'abstenir d'agir ainsi est *ahimsâ* (1).

*
* *

La non-violence complète est absence complète de mauvais vouloir envers tout ce qui vit. La non-violence, sous sa forme active, est bonne volonté pour tout ce qui vit. Elle est amour parfait (2).

*
* *

La caractéristique essentielle de la violence est que derrière la pensée, la parole ou l'action, il doit y avoir une intention violente, c'est-à-dire un désir de faire du mal au prétendu adversaire (3).

(1) *Young India*, 1, 4 novembre 1926.
(2) *Young India*, 9 mars 1920.
(3) *Harijan*, 19 décembre 1936.

*
* *

La religion de l'*ahimsâ* consiste à permettre à autrui le maximum d'avantages au prix du maximum d'inconvénients pour nous, et même au risque de notre vie ([1]).

*
* *

La haine tue toujours, l'amour ne meurt jamais ([2]).

*
* *

L'amour est la force la plus puissante que possède le monde, et pourtant elle est la plus humble qui se puisse imaginer ([3]).

*
* *

L'amour deviendrait poison s'il n'était pas rigoureusement délimité par des considérations morales ([4]).

(1) *Young India*, 2 décembre 1926.
(2) Ganesh, p. 10.
(3) *Young India*, 6 août 1925.
(4) Ganesh, p. 76.

*
* *

La définition, si claire soit-elle, du but que nous voulons atteindre, et notre désir d'y arriver, ne suffisent pas à nous y conduire, tant que nous ne connaîtrons pas ou que nous n'utiliserons pas les moyens nécessaires. C'est pourquoi je me suis attaché surtout à préserver ces moyens et à en développer l'usage. Je sais que si nous pouvons le faire, nous sommes sûr d'arriver au but. Je crois aussi que nous avancerons vers le but dans la mesure exacte de la pureté de nos moyens (1).

*
* *

Cette guerre-ci montre la futilité de la violence (2).

*
* *

Le monde est fatigué de la haine, nous voyons cette lassitude envahir les peuples

(1) *Amrita Bazar Patrika,* 17 septembre 1933.
(2) *Harijan,* 4 mai 1940.

occidentaux. Nous constatons que l'hymne de haine n'a pas profité à l'humanité. Puisse l'Inde s'attribuer le privilège d'ouvrir un nouveau chapitre et de donner une leçon au monde (1).

*
* *

Je ne suis pas visionnaire. Je prétends être un idéaliste pratique. La religion de la non-violence n'est pas réservée aux rishis et aux saints. Elle est aussi destinée à l'homme moyen (2).

*
* *

J'ai pour but l'amitié avec le monde entier Je peux unir le plus grand amour à la plus ferme opposition au mal (3).

*
* *

La non-violence ne consiste pas à renoncer à toute lutte réelle contre le mal. La non-

(1) Gandhiji in Indian Villages, par Mahadev Desai (Ganesan, Madras, 1927), p. 166.
(2) Ganesh, p. 10.
(3) *Young India*, 10 mars 1919.

violence telle que je la conçois est au contraire contre le mal une lutte plus active et plus réelle que la loi du talion, dont la nature même a pour effet de développer la perversité. J'envisage pour lutter contre ce qui est immoral une opposition mentale et par conséquent morale. Je cherche à émousser complètement l'épée du tyran, non pas en la heurtant avec un acier mieux effilé, mais en trompant son attente de me voir lui offrir une résistance physique. Il trouvera chez moi une résistance de l'âme qui échappera à son étreinte. Cette résistance d'abord l'aveuglera et ensuite l'obligera à s'incliner. Et le fait de s'incliner n'humiliera pas l'agresseur, mais l'élèvera. On peut soutenir que ce serait là un état idéal. Et c'en est un (1)!

*
* *

J'ai constaté que la vie persiste au sein même de la destruction, et qu'il doit par conséquent exister une loi plus haute que celle de la destruction. C'est uniquement sous une telle loi qu'une société bien organisée

(1) *Young India*, 8 octobre 1925.

serait compréhensible et que la vie vaudrait la peine d'être vécue. Or si telle est la loi de la vie, nous devons l'appliquer dans notre existence journalière. Partout où il y a conflit, partout où vous êtes en face d'un opposant, triomphez de lui par l'amour. C'est selon cette méthode rudimentaire que j'ai fait entrer cette loi dans ma vie. Cela ne signifie pas que tous mes problèmes s'en soient trouvés résolus. Mais j'ai vu que cette loi de l'amour se montre plus efficace que ne l'a jamais été la loi de la destruction (1).

*
* *

La loi de l'amour gouverne le monde. La vie persiste en dépit de la mort. L'univers continue malgré la destruction incessante. La vérité triomphe de l'erreur. L'amour l'emporte sur la haine. Dieu triomphe éternellement de Satan (2).

*
* *

Nul être humain n'est trop mauvais pour

(1) *Young India*, 1er août 1931.
(2) *Young India*, 23 octobre 1924.

être sauvé. Nul être humain n'est assez parfait pour avoir le droit de tuer celui qu'il considère à tort comme entièrement mauvais [1].

*
* *

L'*ahimsâ* est l'extrême limite du pardon. Et le pardon est le propre de l'homme courageux. L'*ahimsâ* n'est pas compatible avec la crainte [2].

*
* *

La non-violence a pour condition préalable le pouvoir de frapper. C'est un refrènement conscient et délibéré du désir de vengeance que l'on ressent. La vengeance est toujours supérieure à la soumission passive, efféminée, impuissante, mais la vengeance aussi est faiblesse. Le désir de vengeance naît de la crainte d'un mal imaginaire ou réel. Celui qui ne craint nul homme sur terre

(1) *Young India*, 26 mars 1931.
(2) *Young India*, 4 novembre 1926.

trouverait pénible de devoir se mettre en colère contre quelqu'un qui essaie en vain de lui faire du mal (1).

*
* *

La non-violence ne se réalise pas mécaniquement. Elle est la plus haute qualité du cœur et elle s'acquiert par la pratique (2).

*
* *

Il faut un entraînement assez ardu pour parvenir à un état mental de non-violence. Dans la vie quotidienne, il faut se soumettre à une discipline, un peu comme celle du soldat, même si l'on n'en a pas le goût. J'admets cependant que sans une coopération cordiale de l'esprit, l'observation purement extérieure de la non-violence ne serait qu'un masque, néfaste aussi bien pour celui qui le porte que pour autrui. On n'arrive à l'état parfait que lorsque l'esprit, le corps, la parole

(1) *Young India*, 12 août 1926.
(2) *Young India*, 16 avril 1931.

sont convenablement coordonnés. Mais il y a toujours une lutte mentale intense (1).

*
* *

Cherchons maintenant quelles sont les racines mêmes de l'*ahimsâ*. C'est l'oubli de soi (selflessness) le plus absolu. Oubli de soi signifie qu'on s'est complètement libéré de toute préoccupation pour son corps. Si un homme décide de se connaître soi-même, c'est-à-dire de réaliser la Vérité, il ne peut le faire qu'en se détachant complètement de son corps, c'est-à-dire en faisant que toute autre créature ait vis-à-vis de lui un sentiment de sécurité. Telle est la voie de l'*ahimsâ* (2).

*
* *

Pour devenir une force réelle, la non-violence doit commencer avec l'esprit. La non-violence qui n'embrasse que le corps, et dans laquelle l'esprit ne collabore pas,

(1) *Young India*, 1er octobre 1931.
(2) *Young India*, 4 novembre 1926.

est celle du faible et du lâche ; il ne peut en sortir aucune puissance. Si nous entretenons dans notre cœur la malice et la haine et que nous fassions semblant de ne pas vouloir la vengeance, celle-ci devra faire retour sur nous, et elle nous conduira à notre perte. Pour que l'abstention de toute violence uniquement physique ne soit pas nocive, il faut au moins ne pas avoir de pensée haineuse, même si nous ne pouvons développer en nous un amour actif. Tous les chants, tous les discours qui poussent à la haine doivent être mis à l'index [1].

*
* *

Il est déjà noble de défendre son bien, son honneur et sa religion à la pointe de l'épée. Il est plus noble encore de les défendre sans chercher à faire de mal au malfaiteur. Mais il est vil, anti-naturel et déshonorant d'abandonner son poste et, pour sauver sa peau, de laisser son bien, son honneur et sa religion à la merci du malfaiteur. Je vois comment je peux avec succès prêcher

(1) *Young India*, 2 avril 1931.

l'*ahimsâ* à ceux qui savent mourir, mais non à ceux qui ont peur de la mort (1).

*
* *

Puisque j'ai rejeté l'épée, il n'est plus rien d'autre que la coupe de l'amour que je puisse offrir à ceux qui se dressent contre moi. C'est en leur offrant cette coupe que j'espère les rapprocher de moi. Je ne peux pas concevoir un état d'hostilité permanente entre un homme et un autre. Puisque je crois en la réincarnation, je vis dans l'espoir que, sinon dans cette vie humaine, du moins dans une autre, je pourrai embrasser toute l'humanité en une fraternelle accolade (2).

*
* *

La fibre la plus coriace doit s'amollir dans le feu de l'amour. Si elle ne fond pas, c'est que le feu n'est pas assez fort (3).

(1) *Gandhiji in Indian Villages, op. cit.*, p. 254.
(2) *Young India*, 2 avril 1931.
(3) *Young India*, 9 mars 1920.

*
* *

Le cœur le plus endurci et l'ignorance la plus crasse doivent disparaître devant le soleil levant de la souffrance patiente et sans méchanceté [1].

*
* *

Je m'oppose à la violence parce que lorsqu'elle semble produire le bien, le bien qui en résulte n'est que transitoire, tandis que le mal produit est permanent [2].

*
* *

La violence est toujours la violence, et la violence est un péché. Mais ce qui est inévitable n'est pas *considéré* comme un péché [3].

(1) *Young India*, 19 février 1925.
(2) *Young India*, 21 mai 1928.
(3) *Young India*, 21 octobre 1926.

*
* *

Lorsqu'on a le choix uniquement entre la lâcheté et la violence, je crois que je conseillerais la violence... Mais je suis persuadé que la non-violence est infiniment supérieure à la violence. Je crois le pardon beaucoup plus noble que le châtiment (1).

*
* *

Je vois qu'on a une horreur instinctive de tuer des êtres vivants dans quelque circonstance que ce soit. On a même proposé d'enfermer les chiens enragés et de les laisser mourir d'une mort lente. L'idée que je me fais de la charité me rend cette solution absolument inacceptable. Je ne pourrais souffrir un instant de voir un chien, ou d'ailleurs n'importe quelle autre créature, abandonné sans secours à la torture d'une longue agonie. Si dans les mêmes circonstances je ne donne pas la mort à un être humain,

(1) *Young India*, 11 août 1920.

c'est parce que je dispose de remèdes moins désespérés. Mais si je tue un chien qui se trouve dans le même cas, c'est parce que je n'ai pas de remède pour le guérir. Si mon enfant était atteint de rage et qu'il n'existât aucun remède permettant d'alléger ses souffrances, je considérerais comme de mon devoir de lui donner la mort. Le fatalisme a des limites. Nous devons nous en remettre au sort uniquement lorsque nous avons épuisé tous les remèdes. L'un des moyens, qui est définitif, de soulager un enfant dans les affres d'une atroce souffrance, est de lui donner la mort [1].

*
* *

Tuer peut être un devoir. Nous détruisons autant que nous le jugeons nécessaire pour la conservation de notre corps. Ainsi nous tuons pour manger... Pour sauver l'espèce, nous tuons des animaux carnivores. Même l'homicide peut être nécessaire dans certains cas. Supposons qu'un homme devienne fou furieux et, l'épée à la main, massacre tous

(1) *Young India*, 18 novembre 1926.

les gens qu'il peut atteindre. Si personne n'ose s'emparer de lui vivant, quiconque exécutera ce fou méritera la reconnaissance de la communauté et sera considéré comme un bienfaiteur (1).

*
* *

Marcher sur le tranchant effilé de l'*ahimsâ* n'est pas chose facile dans ce monde plein de *himsâ*. La richesse ne nous y aide pas ; la colère est un ennemi de l'*ahimsâ* ; et l'orgueil est un monstre qui le dévore. Dans cette observance étroite et rigide de la religion de l'*ahimsâ*, il faut souvent reconnaître la prétendue *himsâ* comme la forme la plus vraie de l'*ahimsâ* (2).

*
* *

On ne commet pas le péché de *himsâ* par le seul fait de tuer, mais lorsqu'on tue pour le bien de son propre corps périssable. Toute

(1) *Young India*, 4 novembre 1926.
(2) *Young India*, 21 octobre 1926.

destruction de vie provoquée par le fait de manger, de boire, etc., est égoïste, et par conséquent *himsâ.* Mais l'homme la considère inévitable et s'y résigne. Détruire, pour donner la paix à des créatures qui souffrent atrocement dans leur corps, ne peut pas être considéré comme *himsâ*, pas plus que la violence inévitable à laquelle on est contraint pour assurer la protection de ce qui nous est confié (1).

*
* *

J'aimerais mille fois mieux risquer la violence que risquer l'émasculation de toute une race (2).

*
* *

A. — Il est impossible d'entretenir son corps sans détruire, dans une certaine mesure, d'autres corps.

B. — Tous doivent tuer :

a) pour entretenir la vie de leur propre corps ;

(1) *Young India*, 4 novembre 1926.
(2) Ganesh, p. 9.

b) pour protéger ceux de qui ils doivent prendre soin ;

c) parfois par amour même de ceux qu'on tue.

C. — *a*) et *b*) correspondent à une *himsâ* plus ou moins grande ; *c*) n'est pas *himsâ*, il est par conséquent *ahimsâ*. La *himsâ* en *a*) et *b*) est inévitable.

D. — L'ahimsiste éclairé ne commettra donc la *himsâ* contenue en *a*) et en *b*) que le moins possible, et lorsque ce sera inévitable, et seulement après pleine et mûre réflexion, après avoir épuisé tous les moyens de ne pas y avoir recours (1).

*
* *

Je considère la peine de mort comme contraire à l'*ahimsâ*. Seul prend la vie Celui qui la donne. Tout châtiment est contraire à l'*ahimsâ*. Dans un État gouverné selon les principes de l'*ahimsâ*, un meurtrier serait donc envoyé dans un pénitentiaire et y aurait toute possibilité de se réformer. Tout

(1) *Young India*, 4 novembre 1926.

crime est une sorte de maladie et doit être traité comme tel [1].

*
* *

Notre lutte a pour objet l'amitié avec le monde entier. La non-violence est descendue parmi les hommes et elle y restera. Elle est l'annonciatrice de la paix du monde [2].

*
* *

Cette campagne de non-coopération n'a rien à voir avec la diplomatie, secrète ou publique. La seule diplomatie qu'elle admette est l'affirmation et la recherche de la vérité à tout prix [3].

*
* *

Dans cet âge de force brutale, il est presque impossible à quiconque de croire que n'im-

(1) *Harijan*, 27 avril 1940.
(2) Ganesh, p. 31.
(3) Ganesh, p. 12.

porte qui pourrait rejeter la loi selon laquelle la force brutale a toujours le dernier mot [1].

III

Chasteté (*Bramâchârya*) [2]

Réaliser Dieu est impossible sans une renonciation absolue au désir sexuel [3].

*
* *

Je maintiens qu'une vie de parfaite continence en pensée, en paroles et en actes est nécessaire pour atteindre la perfection spirituelle [4].

*
* *

La chasteté est l'une des plus grandes

(1) Ganesh, p. 39.
(2) Voir aussi page 41.
(3) *Young India*, 24 juin 1926.
(4) Ganesh, p. 72.

disciplines sans lesquelles l'esprit ne peut parvenir à la fermeté nécessaire (1).

*
* *

Il n'y a aucun doute que ni l'homme ni la femme ne peut être viril ou fort sans observer le véritable *brahmâchârya* (2).

*
* *

Les vraies lois de la santé exigent que l'homme qui perd sa femme — tout comme la femme qui perd son mari — ne se remarie plus jamais (3).

*
* *

Je suis absolument convaincu que si j'avais toujours mené une vie de *brahmâchârya*, j'aurais eu mille fois plus d'énergie et d'enthousiasme, et que j'aurais pu les consacrer

(1) *Hind Swarâj or Indian Home Rule* (*Natesan, Madras*), p. 103.
(2) Ganesh, p. 86.
(3) Ganesh, p. 86.

à défendre la cause de mon pays aussi bien que la mienne [1].

*
* *

Il faut mieux jouir par le corps que de jouir par la pensée. Il est bon de chercher à rejeter les désirs sexuels dès qu'ils apparaissent dans l'esprit, d'essayer de les maîtriser ; mais si, faute de jouissances *physiques*, l'esprit se vautre dans des *pensées* de jouissance, il est légitime de satisfaire les appétits du corps. Je n'ai aucun doute à ce sujet [2].

IV

Maîtrise des organes du goût [3]

Il ne faut pas manger pour le plaisir qu'en éprouve notre palais, mais simplement pour que notre corps puisse fonctionner. Lorsque

(1) Ganesh, p. 88.
(2) *Hindi Navajivan*, 9 mai 1929.
(3) Voir aussi page 47.

tous les organes des sens ne font que servir le corps et, par son intermédiaire, l'âme, les appétits particuliers à chacun de ces organes disparaissent. Chaque organe alors commence à jouer de la façon prévue par la nature.

On ne fera jamais assez de tentatives, aucun sacrifice ne sera jamais assez grand pour arriver à cette symphonie de la nature [1].

*
* *

L'expérience montre que la nourriture d'origine animale ne convient pas à ceux qui veulent maîtriser leurs passions. Mais on aurait tort d'attribuer un trop grand rôle à l'alimentation dans la formation du caractère ou la domination de la chair. Le régime alimentaire est un facteur important qu'il ne faut pas négliger, mais résumer toute la religion en termes d'alimentation, comme on le fait souvent dans l'Inde, est tout aussi faux que de n'observer à ce sujet aucune

(1) *The Story of my Experiments with Truth*, II, 161, *op. cit.*

mesure et de donner libre cours à son appétit (1).

*
* *

Ma religion m'enseigne que lorsqu'on est très affligé d'une chose à laquelle on ne peut remédier, il faut jeûner et prier (2).

VI

Non-possession ou pauvreté (3)

Chaque jour la nature produit suffisamment pour nos besoins. Si chacun ne prenait que ce qu'il lui faut, il n'y aurait pas de pauvreté dans le monde, et personne n'y mourrait d'inanition (4).

(1) *Young India*, 7 octobre 1926.
(2) *Young India*, 11 septembre 1924.
(3) Voir aussi page 59.
(4) *Speeches and Writings*, par M. K. Gandhi (Ganesh et Co, Madras, 1918), p. 189.

*
* *

Si tous les hommes comprenaient l'éternelle loi morale du service de l'humanité, ils considéreraient comme un péché d'amasser des richesses ; alors il n'y aurait plus d'inégalité de fortune, et par conséquent plus de famine, plus de gens qui meurent de faim [1].

*
* *

Si nous voulons être de véritables adeptes de la non-violence, nous ne devons rien désirer sur cette terre que le plus misérable des êtres humains ne puisse avoir [2].

*
* *

La justification de la pauvreté volontaire était l'impossibilité que tous fussent riches.

(1) *Ethical Religion*, par M. K. Gandhi (Ganesan, Madras), p. 60.
(2) *With Gandhiji in Ceylon*, par Mahadev Desai (Ganesan, Madras, 1928), p. 132.

Tous pourraient avoir part à la non-possession ; moins on possède, moins on désire. Je ne prêche pas la pauvreté volontaire à un peuple qui souffre de pauvreté involontaire, mais le grave problème économique national pourrait être résolu facilement si tous ceux qui sont riches voulaient bien se soumettre à la pauvreté volontaire [1].

VII

Intrépidité [2]

La pratique de l'*ahimsâ* exige le courage le plus grand [3].

*
* *

Nul ne peut être qualifié de vertueux qui

(1) *Mahatma Gandhi and India's Swarâj* (Modern Book Agency, Calcutta), p. 85.
(2) Voir aussi page 65.
(3) *Speeches and Writings* de Mahatma Gandhi (Natesan, Madras), p. 347.

n'est pas intrépide pour former aussi bien que pour exprimer ses opinions, et qui n'exécute pas inébranlablement les ordres de sa conscience. Or cela est impossible tant qu'on ne se rend pas compte que la voix de la conscience est la voix de Dieu, et qu'elle est le juge suprême de la légitimité de tout acte et de toute pensée (1).

*
* *

La force réside dans l'absence de crainte, et non dans la quantité de chair et de muscle que nous pouvons avoir dans notre corps (2).

*
* *

Je suis un homme de paix. Je crois en la paix. Mais je ne veux pas la paix à tout prix. Je ne veux pas le genre de paix que l'on trouve dans une pierre. Je ne veux pas le genre de paix que l'on a dans la tombe. Je veux la paix que recèle la poitrine de l'homme

(1) *Ethical Religion, op. cit.*, p. 41.
(2) *Hind Swarâj or Indian Home Rule, op. cit.*, p. 40.

qui s'expose aux flèches du monde entier, mais que protège de tout mal le pouvoir du Tout-puissant (1).

*
* *

Il n'y a jamais de cause de panique (2).

*
* *

Craignons Dieu et nous cesserons de craindre l'homme (3).

VIII

Elimination de l'intouchabilité (4)

Il n'y aura jamais d'égalité tant qu'on se sent inférieur ou supérieur à autrui. Entre égaux il ne saurait y avoir de condescendance (5).

(1) Ganesh, p. 64-65.
(2) *Harijan*, 8 juin 1940.
(3) *Speeches and Writings* (Natesan), *op. cit.*, p. 330.
(4) Voir aussi page 71.
(5) *Young India*, 28 juillet 1921.

*
* *

Nul homme qui aime son pays ne peut l'aider à progresser s'il ose négliger le moindre de ses compatriotes [1].

*
* *

L'intouchabilité répugne à la raison comme à l'instinct de compassion, de pitié, d'amour [2].

*
* *

Nul homme et nul Dieu ne peut considérer un autre homme comme lui étant inférieur. Il doit considérer tout homme comme son frère de sang. C'est le principe cardinal de toute religion [3].

(1) Ganesh, p. 98.
(2) Ganesh, p. 100.
(3) Ganesh, p. 101.

*
* *

Svarâj [1] est un terme dépourvu de sens si nous voulons maintenir en sujétion perpétuelle un cinquième de l'Inde et lui refuser délibérément toute participation aux fruits de la culture nationale. Nous demandons l'aide de Dieu pour cette grande purification, et nous refusons les droits d'êtres humains aux plus méritants de Ses enfants. Si nous sommes inhumain nous-même, nous ne pouvons pas venir implorer au pied du Trône pour qu'on nous délivre de l'inhumanité d'autrui [2].

*
* *

Je ne désire pas renaître, mais si je dois renaître, je voudrais que ce fût comme intouchable, afin que je pusse partager leurs souffrances, leurs douleurs et les affronts qui leur sont faits, afin que je pusse essayer de sauver eux et moi de ce misérable état.

(1) *Svarâj* est le fait, pour un individu ou une collectivité, de se gouverner soi-même.
(2) *Young India*, 25 mai 1921.

Je prie donc pour renaître — si je dois renaître — non pas *brâhmin*, *kshatriya*, *vaishya* ou *shûdra* mais *atishûdra* (1), (2).

*
* *

Je voudrais voir adopter des mesures législatives prévoyant des châtiments impitoyables pour toutes les persécutions que font subir à ces compatriotes (les intouchables) les classes soi-disant supérieures (3).

IX

Gagner son pain (4)

Dieu a créé l'homme pour qu'il gagne sa nourriture par son travail. Il a dit que celui qui mange sans travailler est un voleur (5).

(1) Les *brâhmins*, les *kshatriyas*, les *vaishyas* et les *shûdras* sont les quatre grandes castes. Les *atishûdras* sont les hors-castes ou intouchables.

(2) *Young India*, 27 avril 1921.

(3) *The Nation's Voice* (Navajivan Press, Ahmedabad, 1932), p. 41.

(4) Voir aussi page 77.

(5) *Young India*, 13 octobre 1921.

*
* *

C'est une loi divine que nous devons pleinement employer et utiliser notre corps. Nous n'avons pas le droit de nous y soustraire. Le rouet est l'heureux symbole de *shârira yajna*, le travail corporel. Celui qui mange son repas sans avoir offert ce sacrifice vole ce qu'il mange (1).

*
* *

Mon *ahimsâ* ne me permettrait pas de donner un repas gratuit à un homme sain qui n'a pas travaillé honnêtement pour gagner ce repas. Si j'en avais le pouvoir, j'arrêterais tout *sadâvrata* (2) où l'on donne des repas pour rien. Cette habitude a fait dégénérer notre peuple et l'a poussé à la paresse, à l'oisiveté, à l'hypocrisie, et même au crime (3).

(1) *Young India*, 8 janvier 1925.
(2) Œuvres de charité distribuant quotidiennement de la nourriture aux pauvres.
(3) *Young India*, 13 août 1925.

*
* *

J'ai trouvé impossible d'alléger la souffrance des malheureux en leur chantant un chant de Kabir (1). Les masses affamées ne réclament qu'un seul poème : de la nourriture réconfortante. On ne doit pas la leur donner en aumône. Il faut qu'elles la gagnent. Or elles ne peuvent la gagner qu'à la sueur de leur front (2).

X-XI

Tolérance ou égalité des religions (3)

La vie sans religion est une vie sans principe, et une vie sans principe est comme un bateau sans gouvernail (4).

(1) Kabir était un poète religieux du xve siècle, célèbre dans l'Inde occidentale. C'est de lui que se réclame la secte des *Kabirpanthis*.

(2) *Young India*, 13 octobre 1921.

(3) Voir aussi pages 83 et 87.

(4) *Speeches and Writings* (Natesan), *op. cit.*, p. 374.

*
* *

Laissez-moi vous expliquer ce que j'entends par religion. Ce n'est pas la religion hindoue — qui a certainement pour moi plus de valeur que toutes les autres — mais la religion qui déborde l'hindouisme, qui transforme notre nature, qui nous lie indissolublement à la Vérité intérieure et qui purifie toujours. Elle est dans la nature humaine l'élément permanent qui ne trouve aucun sacrifice trop grand s'il lui donne sa pleine expression, qui rend l'âme absolument impatiente jusqu'à ce qu'elle se soit trouvée, qu'elle ait connu son Créateur, et compris les rapports véritables entre elle et son Créateur [1].

*
* *

Dès que nous perdons la base morale, nous cessons d'être religieux. La religion ne saurait renverser et supplanter la moralité.

(1) *Young India*, 12 mai 1920.

Par exemple un homme ne peut pas vivre dans le mensonge, la cruauté, la luxure et prétendre en même temps avoir Dieu pour soi (1).

*
* *

Je rejette toute doctrine religieuse qui ne fait pas appel à la raison et qui se trouve en conflit avec la moralité. Je tolère le sentiment religieux déraisonnable quand il n'est pas immoral (2).

*
* *

Les Écritures ne peuvent pas outrepasser la raison et la vérité. Elles ont pour objet de purifier la raison et d'illuminer la vérité (3).

*
* *

Nous sommes fiers d'avoir hérité de tout

(1) *Young India*, 24 novembre 1921.
(2) *Young India*, 21 juillet 1920.
(3) *Young India*, 19 janvier 1921.

ce que le passé avait de meilleur et de plus noble. Nous ne devons pas souiller notre patrimoine en multipliant les erreurs passées (1).

*
* *

Le Dieu du musulman est-il autre que le Dieu de l'hindou ? Les religions sont comme des routes différentes convergeant vers un même point. Qu'importe que nous empruntions des itinéraires différents, pourvu que nous arrivions au même but. Quelle raison aurions-nous donc de nous quereller (2) ?

*
* *

Les musulmans sont incapables de nuire à l'hindouisme. Seul un hindou peut nuire à l'hindouisme. De même seul un musulman peut nuire à l'islam et un chrétien au christianisme. Chaque homme est responsable de sa religion (3).

(1) *Young India*, 15 septembre 1921.
(2) *Hind Swarâj or Indian Home Rule*, *op. cit.*, p. 49.
(3) Paroles prononcées dans une « réunion de prières ».

*
* *

En réalité il existe autant de religions que d'individus (1).

*
* *

Une étude détaillée des principes fondamentaux de toutes les religions a prouvé qu'elles reposent toutes également sur les mêmes lois morales éternelles (2).

*
* *

Celui qui est parvenu au cœur même de sa propre religion est aussi parvenu au cœur des autres religions.

Tant qu'il existe des religions différentes, chacune d'elles peut avoir besoin d'un symbole distinctif. Mais si le symbole est transformé en fétiche et en instrument pour prouver la supériorité d'une religion sur une

(1) *Hind Swarâj or Indian Home Rule, op. cit.*, p. 47.
(2) Ganesh, p. 73.

autre, il n'est plus bon qu'à être mis au rebut (1).

*
* *

La règle d'or de notre conduite est donc la tolérance mutuelle, puisque nous ne penserons jamais tous la même chose et que nous verrons la Vérité par fragments et sous différents angles. La conscience n'est pas la même pour tous. Elle est un bon guide pour la conduite individuelle, mais si l'on voulait imposer cette conduite à tous, ce serait un empiétement intolérable sur la liberté de conscience de chacun (2).

*
* *

L'*ahimsâ* a horreur des sectes. C'est une force unificatrice. Elle découvre l'unité dans la diversité (3).

(1) *The Story of my Experiments with Truth*, *op. cit.*, II, 330.
(2) *Young India*, 23 septembre 1926.
(3) *Harijan*, 16 mars 1940.

*
* *

La prière est l'essence même de la religion ; elle doit donc être la moelle de la vie de l'homme, car nul ne peut vivre sans religion [1].

*
* *

La prière est la clé du matin et le verrou du soir [2].

*
* *

Prier n'est pas demander. C'est une aspiration de l'âme. C'est une admission quotidienne de notre faiblesse [3].

*
* *

Il vaut mieux mettre son cœur dans la prière sans trouver de paroles que trouver des mots sans y mettre son cœur [4].

(1) *Young India*, 25 novembre 1926.
(2) *Young India*, 23 janvier 1930.
(3) *Young India*, 23 septembre 1926.
(4) *Young India*, 23 janvier 1930.

*
* *

L'idolâtrie est un mal, mais non le culte des idoles. L'idolâtre fait de son idole un fétiche. Un adorateur d'idoles voit Dieu même dans une pierre et par conséquent a recours à l'aide d'une idole pour cimenter son union avec Dieu. Tout enfant hindou sait que la pierre dans le célèbre temple de Bénarès n'est pas Kâshî Vishvanâth. Mais il croit que le Seigneur de l'univers réside tout particulièrement dans cette pierre. Ce jeu de l'imagination est permis, et il est sain (1).

XII

Humilité (2)

L'humilité du *satyagrahi* ne connaît aucune limite (3).

(1) *Harijan*, 9 mars 1940.
(2) Voir aussi page 93.
(3) *Satyagraha in South Africa*, par M. K. Gandhi (Ganesan, Madras, 1928), p. 442.

*
* *

La Vérité ne saurait être atteinte par celui qui n'a pas en soi un sens abondant d'humilité. Si vous voulez nager dans le sein de l'Océan de Vérité, il faut vous réduire à zéro [1].

*
* *

L'*ahimsâ* est l'extrême limite de l'humilité [2].

*
* *

Je n'ai pu réaliser que très imparfaitement mon désir intense de me perdre dans l'Éternel, de devenir une simple motte d'argile entre les mains divines du Potier afin que je puisse servir plus sûrement, sans être interrompu par mon moi inférieur [3].

(1) *Young India*, 31 décembre 1931.
(2) *The Story of my Experiments with Truth*, II, 593, *op. cit.*
(3) *Young India*, 17 novembre 1921.

*
* *

Je dois prendre Dieu pour seul guide. C'est un Maître jaloux, qui ne laisse personne partager Son autorité. Il faut donc se présenter devant Lui dans toute sa faiblesse, les mains vides, et dans un esprit de complet abandon. C'est alors qu'Il vous met en état de faire face au monde entier et qu'Il vous protège de tout mal [1].

XIII

Importance des vœux [2]

Je ne considère pas la récitation du chapelet comme une superstition. Elle aide à faire régner la paix dans un esprit qui autrement se disperserait. Mais la répétition quoti-

(1) *Young India,* septembre 1931.
(2) Voir aussi page 99.

dienne des vœux entre dans une autre catégorie. C'est pour le chercheur ardent un rappel quotidien — quand il se lève et quand il se couche — du fait qu'il est soumis aux onze vœux (1) qui doivent régler sa conduite. Cette répétition sans doute perdra son efficacité si on la fait mécaniquement en s'imaginant qu'elle suffit à accumuler des mérites. Vous pourriez me demander : « Alors pourquoi répéter ces vœux? On sait bien qu'on les a prononcés et qu'on doit s'y conformer. » Cet argument ne manque pas de force. Mais l'expérience a prouvé qu'une répétition réfléchie donne de la force aux résolutions. Les vœux sont pour le mental et l'âme faibles ce que sont les toniques pour un corps faible. Tout comme un corps sain n'a pas besoin de toniques, un mental vigoureux peut conserver sa santé sans l'aide des vœux et de leur rappel quotidien. L'étude de ces vœux montrera toutefois que la plupart d'entre nous sommes assez faibles pour avoir besoin de leur appui (2).

(1) Voir page 30.
(2) *Harijan*, 6 avril 1940.

XIV-XV

Sacrifice (*Yajna*) [1]

Mon credo, c'est servir Dieu, et par conséquent servir l'humanité [2].

***

Yajna est un mot plein de beauté et de puissance. Aussi, avec le développement des connaissances et de l'expérience, avec le temps, sa signification a-t-elle des chances de se développer et de changer. *Yajna* signifie littéralement adoration, d'où sacrifice, et par conséquent tout acte de sacrifice, tout acte de service. Et dans ce sens chaque époque peut et doit avoir son *yajna* particu-

(1) Voir aussi pages 103 et 107.
(2) *Young India*, 23 octobre 1924.

lier. Les principes de la religion sont une chose, les pratiques qui les prennent pour base en sont une autre. Les principes sont absolument indépendants du temps et de l'espace. Les pratiques changent selon l'époque et selon le lieu (1).

*
* *

Une nation capable de sacrifices sans bornes pourra s'élever à des hauteurs illimitées. Plus le sacrifice est pur, plus le progrès est rapide (2).

*
* *

C'est dans l'effort, et non dans la réussite, qu'on puise la satisfaction. Le plein effort, c'est la pleine victoire (3).

(1) *Young India*, 13 mai 1926.
(2) *Young India*, 25 août 1920.
(3) Ganesh, p. 41.

XVI

Svadeshi (1)

Je ne sacrifierai ni la vérité, ni l'*ahimsâ*, même pour sauver mon pays ou ma religion (2).

*
* *

Un pays doit être libre afin de pouvoir mourir si nécessaire pour le bien du monde. Aussi ma conception du nationalisme, mon amour du nationalisme, est-il que mon pays puisse mourir pour que les races humaines puissent vivre (3).

*
* *

Pour moi le patriotisme est la même chose que l'humanité (4).

(1) Voir aussi page 113.
(2) *Young India*, 20 janvier 1927.
(3) *Gandhiji in Indian Villages, op. cit.*, p. 170.
(4) Ganesh, p. 48.

*
* *

Ma religion ne connaît pas de limites géographiques. Si j'ai en elle une foi vivante, elle dépassera même mon amour pour l'Inde (1).

*
* *

Je considère l'amour pour mon pays comme faisant partie de ma religion, sans pour cela que ce soit toute ma religion. Si l'on n'a pas d'amour pour son propre pays, on ne peut pas être considéré comme observant parfaitement sa propre religion (2).

*
* *

Il n'y a pas de raison de ne pas étendre notre service envers notre prochain au-delà des frontières tracées par les États. Dieu n'a jamais dessiné ces frontières (3).

(1) *Young India*, 11 août 1920.
(2) Ganesh, p. 89.
(3) *Young India*, 31 décembre 1931.

*
* *

Je n'ai jamais considéré que *svadeshi* impliquât l'exclusion dans toutes les circonstances imaginables de tout ce qui est étranger. Dans son sens large, *svadeshi*, c'est l'emploi d'articles de fabrication locale à l'exclusion de produits étrangers dans la mesure où cela peut être nécessaire pour protéger l'industrie du pays, et surtout les industries particulières sans lesquelles l'Inde sera réduite à la misère. Selon moi par conséquent, quand on exclut l'emploi de tout ce qui est étranger, parce qu'étranger, sans se préoccuper du bien qu'on peut en tirer, sans tenir compte du fait que cela peut appauvrir quelqu'un, on donne de *svadeshi* une interprétation trop étroite ([1]).

*
* *

Ne croyez pas que je méprise indistinctement tout ce qui vient de l'Occident. Il y a beaucoup de choses que j'y ai puisées moi-même ([2]).

(1) *Young India*, 17 juin 1925.
(2) *With Gandhiji in Ceylon*, *op. cit.*, p. 108.

Table des matières

Préface 7

LETTRES A L'ASHRAM

I. Vérité (*Satya*) 29
II. Amour (*Ahimsâ*)................. 35
III. Chasteté (*Brahmâchârya*) 41
IV. Maîtrise des organes du goût ... 47
V. Abstention de vol............... 53
VI. Non-possession ou pauvreté ... 59
VII. Intrépidité 65
VIII. Élimination de l'intouchabilité . 71
IX. Gagner son pain 77
X. Tolérance, ou égalité des religions 83
XI. Tolérance, ou égalité des religions (*suite et fin*) 87
XII. Humilité 93
XIII. Importance des vœux 99
XIV. Sacrifice (*Yajna*) 103
XV. Encore *Yajna* 107
XVI. *Svadeshi* 113

EXTRAITS D'AUTRES ŒUVRES

I. Vérité (*Satya*) 123
II. Amour (*Ahimsâ*)............... 132
III. Chasteté (*Bramâchârya*) 151
IV. Maîtrise des organes du goût ... 153
VI. Non-possession ou pauvreté ... 155
VII. Intrépidité 157
VIII. Élimination de l'intouchabilité . 159
IX. Gagner son pain 162
X-XI. Tolérance, ou égalité des religions 164
XII. Humilité 171
XIII. Importance des vœux 173
XIV-XV. Sacrifice (*Yajna*) 175
XVI. *Svadeshi* 177

« *Spiritualités vivantes* »
Collection fondée par Jean Herbert
au format de poche

101. *Et Dieu créa Ève, A Bible ouverte,* t. II, de Josy EISENBERG et Armand ABECASSIS.
102. *Les Collations de Jean Cassien ou l'unité des sources,* textes choisis et présentés par Jean-Yves LELOUP.
103. *Praxis et Gnosis, textes d'Évagre le Pontique,* choisis et présentés par Jean-Yves LELOUP.
104. *Le Centre de l'Être,* de K. G. DÜRCKHEIM, propos recueillis par J. CASTERMANE.
105. *Tsimtsoum, introduction à la méditation hébraïque,* de Marc-Alain OUAKNIN.
106. *La Voie Soufie,* de Faouzi SKALI.
107. *Moi, le gardien de mon frère? A Bible ouverte,* t. III, de Josy EISENBERG et Armand ABECASSIS.
108. *Sermons sur le Zen, Réflexions sur la Terre Pure,* traduits et présentés par Maryse et Masumi SHIBATA.
109. *Dhammapada, les Dits du Bouddha,* traduits du pali.
110. *L'Anneau de la Voie,* de Taisen DESHIMARU, textes rassemblés par E. de SMEDT et D. DUSSAUSSOY.
111. *Rubâi'yât,* de Djalâl-od-Dîn RÛMÎ, traduit et présenté par E. de VITRAY-MEYEROVITCH et D. MORTAZAVI.
112. *Vie de Moïse, de Grégoire de Nysse, ou l'être de désir,* traduit par J. DANIELOU et présenté par J.-Y. LELOUP.
113. *Homélies de Jean Chrysostome sur l'incompréhensibilité de Dieu,* traduit par R. FLACELIÈRE et présenté par J.-Y. LELOUP.
114. *Le Dharma et la vie,* de Lama Denis TEUNDROUP.
115. *La Méditation créatrice et la conscience multidimensionnelle,* par Lama ANAGARIKA GOVINDA, traduit par Jean HERBERT.
116. *Le Puits d'eaux vives, entretiens sur les Cinq Rouleaux de la Bible,* de Claude VIGÉE et Victor MALKA.
117. *Œuvres,* de saint FRANÇOIS D'ASSISE, traduit et présenté par A. MASSERON.
118. *La Méditation bouddhique,* de Jean-Pierre SCHNETZLER.
119. *Zen et samouraï,* de SUZUKI SHÔSAN, traduit et présenté par Maryse et Masumi SHIBATA.
120. *Le Taoïsme vivant,* de J. BLOFELD, traduit par Jean HERBERT.
121. *Commentaire sur le Mystère de la Fleur d'Or,* de C. G. JUNG.
122. *Prière de Jésus, prière du cœur,* d'Alphonse et Rachel GOETTMANN.
123. *Moine zen en Occident,* de Roland RECH.
124. *Le Pèlerin chérubinique,* d'Angelus SILESIUS, traduit et présenté par Camille JORDENS.
125. *L'Expérience de la transcendance,* de K. G. DÜRCKHEIM, traduit par M. P. SCHLEMBACH.
126. *Les Gnostiques,* de Jacques LACARRIÈRE.

127. *Réflexions sur la Bhagavad-Gîtâ*, de Jean HERBERT.
128. *L'Enracinement et l'Ouverture*, de Jean-Yves LELOUP.
129. *L'Idée maçonnique, essai sur une philosophie de la franc-maçonnerie*, d'Henri TORT-NOUGUÈS.
130. *Rire avec Dieu. Aphorismes et contes soufis*, de S. B. MAJROUH, texte français de Serge SAUTREAU.
131. *La Vision profonde, de la Pleine Conscience à la contemplation intérieure*, de THICH NHAT HANH, traduit par P. KERFORNE.

L'impression et le brochage de ce livre
ont été effectués dans les ateliers de B.C.I.
à Saint-Amand-Montrond (Cher)
pour les Éditions Albin Michel

Achevé d'imprimer en mai 1995
N° d'édition : 14614. N° d'impression : 1/1168.
Dépôt légal : mai 1995.

Imprimé en France